AF396144

V 407.
5.B.

2190.

PROJET

DE

PRISON CELLULAIRE

POUR 585 CONDAMNÉS.

PROJET

DE

PRISON CELLULAIRE

POUR 585 CONDAMNÉS,

PRÉCÉDÉ

D'OBSERVATIONS

SUR LE SYSTÈME PÉNITENTIAIRE,

PAR G. ABEL BLOUET,

INSPECTEUR GÉNÉRAL DES BATIMENTS DES PRISONS DE FRANCE,
ARCHITECTE DU GOUVERNEMENT, MEMBRE DU CONSEIL GÉNÉRAL DES BATIMENTS CIVILS,
ANCIEN PENSIONNAIRE DE L'ACADÉMIE DE FRANCE A ROME.

BIBLIOTHEQUE ROYALE
I

PARIS,

IMPRIMERIE ET LIBRAIRIE DE FIRMIN DIDOT FRÈRES,

IMPRIMEURS DU ROI ET DE L'INSTITUT,

RUE JACOB, 56.

—

1843.

OBSERVATIONS

SUR

LE SYSTÈME PÉNITENTIAIRE.

Après les hommes éminents qui, dans de nombreux ouvrages, ont traité avec tant de supériorité la question pénitentiaire, il paraîtra peut-être étrange qu'un architecte émette son opinion sur un pareil sujet; aussi, je me hâte de déclarer que si je hasarde quelques observations sur cette importante question sociale, c'est dans le seul but de faire connaître quelques-unes des raisons sur lesquelles sont établies mes convictions, et surtout, les motifs qui m'ont déterminé à étudier le projet de prison cellulaire que je vais développer : je n'examine, d'ailleurs, cette question que parce qu'étant architecte, et m'étant, à ce titre, presque exclusivement occupé depuis sept années du système pénitentiaire, je puis, en raison de ma spécialité, voir les choses sous leur double point de vue, d'abord, dans une certaine mesure, sous le rapport administratif qui en fait la base fondamentale, puis, sous celui de la construction qui s'y rattache si étroitement qu'on peut dire qu'elle en est l'expression. C'est par la combinaison de ces deux parties du sujet que j'ai pensé qu'il me serait possible de faire d'utiles observations, et c'est aussi par elle que je me suis cru autorisé à entreprendre cette tâche, puisqu'en hasardant mon opinion sur la première, je trouve dans la seconde les moyens de démontrer la transition possible de la théorie à la pratique.

En effet, si l'on veut traiter la question administrative en faisant abstraction de celle de construction, on s'expose à établir des principes auxquels la réalité se dérobe, tandis qu'avec la connaissance suffisante des besoins administratifs, un architecte peut, par des combinaisons bien entendues, faire admettre tel ou tel système d'emprisonnement que la théorie eût peut-être rangé au nombre des utopies.

Lorsqu'en 1836 je fus chargé par M. le Ministre de l'Intérieur d'aller, conjointement avec M. Demetz, alors conseiller à la cour royale de Paris, étudier les systèmes pénitentiaires d'Amérique, lui, comme magistrat, sous le rapport des lois et du régime administratif, moi, comme architecte, sous celui des constructions, mon premier soin fut de me procurer tout ce qui pouvait me guider dans mes recherches. Ne voulant pas, tout en restant dans ma spécialité, la borner à des opérations matérielles, mais bien comprendre l'esprit et la raison de chaque chose, je partis muni de tous les livres et de tous les plans de prison qui pouvaient faire mon éducation sur cette matière, et me mettre dans le cas de remplir dignement l'honorable tâche qui m'était confiée.

Il ne sera peut-être pas inutile de dire ici que tous les ouvrages que je lus avant mon départ, et pendant ma longue et pénible traversée, eurent pour résultat de me donner sur les deux régimes désignés par les noms d'Auburn et de Philadelphie, comme à presque tous ceux qui m'ont précédé et suivi aux États-Unis dans le but d'étudier cette question, une opinion anticipée en faveur du régime d'Auburn ; mais je dois dire aussi que l'examen approfondi que je fis sur les lieux, la changea complétement, et que, ainsi que tous les voyageurs dont je viens de parler, je revins partisan du régime de Philadelphie, parce qu'il m'avait paru plus réformateur, plus intimidant et, malgré sa sévérité, plus humain que le précédent, et, outre ces raisons et par ces raisons même (c'est ce que je vais essayer de développer), plus dans l'intérêt de la société. Depuis, j'ai visité les prisons d'Angleterre, celles de la Suisse et de Rome ; j'ai vu toutes les maisons centrales de France et une grande partie de nos prisons départementales ; des plans et des descriptions, en me faisant connaître celles des prisons des pays étrangers que je n'ai pas visitées, m'ont initié au régime qu'on y applique, et toutes ces études, loin de changer l'opinion que je m'étais faite en Amérique, n'ont fait que la fortifier.

Cette transformation d'opinion qui s'est opérée dans l'esprit de tous les hommes pratiques qui ont traversé l'Atlantique pour étudier la question pénitentiaire, n'est-elle pas suffisamment significative ? Et puisqu'en présence des faits les hommes les plus graves et les plus consciencieux n'ont pas hésité à changer d'avis pour se ranger au régime de la séparation continue, n'est-on pas autorisé à penser qu'il en serait de même pour le petit nombre d'hommes non moins graves et non moins consciencieux, qui, faute d'avoir pu apprécier, sur les lieux, les résultats obtenus, restent encore de l'avis contraire? Quant à moi, j'ai dit comment s'est opérée ma conversion au système de séparation, et pour que chacun puisse juger de quelques-unes des raisons qui ont déterminé ce changement, je vais essayer de les expliquer.

Par la connaissance des documents publiés jusqu'à ce jour sur le système pénitentiaire, à la vue des crimes et des délits croissant toujours, malgré les efforts de toute nature tentés par l'administration pour les prévenir et les réprimer, on est amené à reconnaître qu'une réforme radicale est nécessaire dans le régime des prisons, et que les deux seuls moyens qu'on puisse employer pour l'obtenir sont, la vie en commun, avec l'observation du silence, et l'emprisonnement individuel. Les diverses applications de chacun de ces systèmes en Amérique, désignés, l'un sous le nom d'Auburn, l'autre sous le nom de Philadelphie, diffèrent bien entre elles par quelques détails, mais les principes étant les mêmes, je me bornerai, pour le moment, à indiquer sommairement ces deux grandes divisions, comme celles sur lesquelles roulent toutes les discussions.

La vie en commun est la base du système d'Auburn. Le jour, les détenus sont réunis dans les ateliers, au réfectoire, à l'école et à la chapelle; mais la nuit, ils couchent séparément dans de très-petites cellules. Ils doivent observer un silence absolu; les gardiens les accompagnent sans cesse, et appliquent immédiatement la punition du fouet au détenu coupable d'une infraction à cette règle. Les autres punitions sont le cachot solitaire et la réduction de nourriture. Les détenus n'ont d'autre promenade que celle qu'ils font pour aller de la cellule à l'atelier, au réfectoire ou à la chapelle; leur seule récréation est le moment qui leur est accordé après le repas : ils restent alors à table ou dans leurs cellules, suivant qu'ils mangent ensemble, ou séparément comme cela a lieu dans quelques pénitenciers. Quant au dimanche, ils le passent en silence et dans l'oisiveté, en partie dans la chapelle, en partie dans les cellules, où ils se trouvent, en quelque sorte, réduits à l'immobilité, puisqu'elles sont presque entièrement occupées par le lit.

La séparation rigoureuse des détenus entre eux constitue le système de Philadelphie. Jour et nuit ils sont enfermés dans des cellules assez spacieuses pour qu'ils puissent y dormir, y travailler et y faire quelques pas; ils y trouvent tout ce qu'il faut pour satisfaire à leurs besoins naturels;

au rez-de-chaussée, chaque cellule est accompagnée d'une petite cour qui lui est à peu près égale en grandeur : là, le détenu peut respirer en plein air. Au premier étage, on a suppléé au défaut de cours, en donnant deux cellules à chacun des détenus, mais de moins grande dimension que celles du rez-de-chaussée. Indépendamment des visites que leur font les gardiens pour leur distribuer la nourriture, les matières nécessaires à la confection de leurs ouvrages, et leur enseigner à travailler, les détenus reçoivent encore celles du directeur, de l'aumônier et des personnes charitables qui peuvent être admises à concourir à l'œuvre de régénération. De leurs cellules, ils entendent les prières ou la prédication. Les punitions motivées par les infractions au régime de la prison sont réprimées par des réductions sur la nourriture (1).

Si je n'ai pas fait connaître tous les rouages accessoires à l'aide desquels fonctionnent ces deux systèmes, j'en ai dit assez pour faire comprendre qu'ils diffèrent essentiellement dans leur principe, puisque, dans l'un, les détenus vivent ensemble, durant tout le jour, et que dans l'autre ils sont constamment séparés.

Le régime d'Auburn reçoit son caractère répressif du travail obligé et de l'observation du silence, qui n'est obtenu, autant qu'il peut l'être, que par la présence constante et indispensable des gardiens dont la mission est de punir du fouet ceux qui enfreignent cette règle.

Le caractère du régime de Philadelphie consiste uniquement dans la séparation constante des détenus entre eux au moyen de la cellule ; car bien que le travail soit obligé et qu'il semble aggraver la peine, il ne sert en réalité qu'à l'atténuer.

Il ressort donc des caractères qui distinguent chacun des deux systèmes qu'ils sont l'un et l'autre destinés à atteindre un même but, la réforme, à l'aide des mêmes moyens, le travail et la séparation. Or, les deux systèmes ne diffèrent que dans la manière d'obtenir cette séparation, seule capable d'arrêter les progrès de la corruption : et comme on a jugé qu'il suffisait d'empêcher que les détenus se communiquassent leurs pensées, on s'est borné, dans l'un, à obtenir par la crainte du fouet, un silence dont l'œil et l'oreille du gardien sont devenus les seuls garants ; dans l'autre, on a douté

(1) Pour plus amples détails sur le régime et les constructions des prisons d'Amérique, voir l'ouvrage de MM. de Beaumont et de Tocqueville, et le rapport de 1837 au Ministre de l'Intérieur, par MM. Demetz et Blouet.

de la surveillance en présence d'une telle tentation, on a confié à des murailles le soin de la diminuer, et de rendre inutiles les essais que pourraient faire les détenus pour établir des rapports entre eux. Tels sont le système d'Auburn et celui de Philadelphie. Supprimez la surveillance dans le premier, la vie en commun y découvre bientôt ses terribles conséquences ; les murs restant debout dans le second, on trouve encore une prison efficace et redoutable.

Qu'on ne suppose pas, toutefois, qu'il entre dans ma pensée qu'on puisse, dans aucun cas, se passer de surveillants. Je reconnais, au contraire, tellement l'importance d'un bon personnel, que je regarde tout système pénitentiaire impossible sans cette condition essentielle ; et cette conviction m'amène, par l'examen comparatif des deux régimes expérimentés en Amérique, aux conséquences suivantes, qui résultent de l'influence des agents subalternes dans l'un ou l'autre de ces régimes.

Quels sont dans celui d'Auburn les devoirs du gardien ? Ceux d'un dur geôlier : épier avec toute la vigilance possible, afin d'apercevoir la moindre infraction à la discipline et de châtier celui qui s'en est rendu coupable ; son activité à découvrir les fautes fait croire qu'il met son bonheur à les punir ; les détenus le regardent donc en ennemi ; sa présence est pour eux un supplice ; le seul sentiment qu'il leur inspire est la haine. Aiguillonnés par la vengeance, ils oublient leurs torts envers la société qu'il représente ; et ils la menacent déjà dans leur cœur.

A Philadelphie, les murs sont la punition du crime ; la cellule met le détenu en présence de lui-même ; il est forcé d'entendre sa conscience ; il veut éloigner ce persécuteur acharné ; le travail que ses mains n'avaient peut-être jamais connu s'offre à lui moins redoutable ; c'est un ennemi dont il va se servir pour en combattre un autre qui lui semble plus à craindre. Le gardien pénètre dans sa cellule ; il apporte des livres et des instruments dont il lui apprend à se servir ; sa présence est un soulagement ; elle lui laisse un doux souvenir et des armes pour se défendre des remords et de l'ennui. Aux heures où la faim se fait sentir, le gardien paraît encore ; il dépose sur le guichet les aliments réparateurs ; à chaque visite, quelques paroles bienveillantes coulent de cette bouche honnête, et portent au cœur du détenu, avec la reconnaissance, l'espoir et la consolation ; il aime son gardien ; et il l'aime, parce que celui-ci est doux et compatissant. Les murs sont terribles, l'homme est bon. Le prisonnier sent que la nécessité bien plus que la colère a dicté son arrêt, puisque les gardiens même sont là pour diminuer les rigueurs de la justice. Cette honnêteté, dont il goûte les fruits chaque jour, ne l'attire-t-elle pas dans une voie nouvelle? et n'offre-t-elle pas des garanties pour l'avenir, en le tournant vers un nouvel horizon?

Tels sont, en effet, les rapports journaliers du gardien et des détenus; car, si la surveillance ne perd pas pour cela son activité, elle est occulte, et semble inhérente à la cellule : d'ailleurs, le gardien n'est jamais appelé à infliger un châtiment direct, et les tentations à l'infraction des règles sont loin d'être aussi nombreuses que dans l'autre système.

On voit donc, d'un côté, le gardien entouré d'affection; de l'autre, on le voit s'attirant la haine des détenus qu'il surveille. Or, il faut que dans les deux cas les gardiens soient choisis parmi des hommes recommandables, soit pour inspirer l'amour du bien à des êtres dégradés, soit pour les punir justement, et à toutes les occasions. Il est aisé de comprendre que la mission tout évangélique des premiers peut être acceptée, et même recherchée par des gens de bien; mais peut-on espérer d'en trouver un grand nombre qui se résignent à n'avoir que des infractions à constater et à punir, et qui veuillent bien recevoir la haine de ceux qu'ils voudraient sauver, en échange de leurs efforts à atteindre le but? Aussi, en Amérique, les gardiens portent-ils l'empreinte du système auquel ils sont appelés à prêter leur appui, et nous offraient-ils, lors de notre arrivée, au grand pénitencier de Philadelphie, sous la conduite de M. Wood, leur excellent directeur, plus de capacité et une meilleure tenue que dans aucun établissement du régime d'Auburn. C'est à cette supériorité que nous devons une grande partie des bons renseignements que nous avons recueillis sur le système pénitentiaire.

Après avoir fait connaître les principales particularités des deux systèmes d'emprisonnement pratiqués en Amérique, et avant d'entrer dans leur examen comparatif, je prierai le lecteur de se figurer, autant que possible, abstraction faite de notre civilisation et de nos lois, un monde nouvellement créé, une société nouvelle. Des crimes ont été commis par plusieurs de ses membres : je demande si, dans cette société, où les idées naturelles seraient encore dans toute leur virginité, où, dans son intérêt, on voudrait, avant tout, empêcher la propagation du mal, je demande, dis-je, si on pourrait avoir la pensée de mettre ensemble ces criminels qui viennent de se déclarer ses ennemis, et si, au contraire, ils ne seraient pas emprisonnés séparément, pour être hors d'état de comploter leur évasion et de nouveaux crimes?

Mais il ne s'agit pas de ce qu'indique la simple raison. En fait d'emprisonnement, on s'est autrefois tellement éloigné de ce point de départ qu'il a été perdu de vue. Dans des temps de despotisme et de barbarie, on a poussé à un tel excès l'usage des cachots obscurs et humides, des fers et des tortures de tout genre, que par suite l'humanité s'en est émue; l'excès du mal a eu pour résultat une réaction qui a poussé les gens de bien, animés par des sentiments louables au fond, à trop oublier, peut-être, ce qu'exigeait l'intérêt de la société, en adoucissant le régime des prisons au point que l'emprisonnement n'était plus, pour ainsi dire, une punition pour les criminels, et qu'après une première détention, ils ne craignaient pas de retomber dans de nouveaux crimes, puisque la punition qu'ils encouraient ne pouvait que les amener à un état assez tolérable. Il en est résulté que, faute de donner à l'emprisonnement le caractère d'intimidation nécessaire, et d'infliger aux coupables un châtiment suffisant, les récidives se sont multipliées dans une proportion effrayante et ont fait peser sur les honnêtes gens les conséquences de cette philanthropie dangereuse.

La peine de l'emprisonnement doit donc être à la fois intimidante et réformatrice, et dans l'intérêt de la société qu'elle protége, et dans celui du coupable qu'elle doit s'efforcer de rendre meilleur. Dans son caractère d'intimidation, elle ne peut franchir les limites au delà desquelles la santé du détenu se trouverait compromise; mais elle doit se prêter à tout ce qui peut agir favorablement sur son esprit et sur son éducation, en lui procurant des leçons et de bons exemples, afin qu'il soit rendu à la société amélioré et corrigé autant que possible.

L'erreur où nous avait entraînés une compassion exagérée ne tarda pas à être reconnue. Aussi, depuis plusieurs années, le régime disciplinaire de nos maisons centrales qui présentait les inconvénients graves que je viens de signaler, a-t-il été modifié et amélioré sous tous les rapports. On peut dire qu'il présente, autant que le comporte le système actuel, le caractère répressif qui lui manquait. Grâce aux soins de l'administration, on admire avec raison, aujourd'hui, la bonne police de ces maisons, et, à l'exception des châtiments corporels et des petites cellules de nuit qu'on trouve en Amérique dans les pénitenciers suivant le système d'Auburn, elles peuvent donner une idée exacte et très-favorable de ce système.

On a déjà tant et si bien décrit les maux de toute nature engendrés par les prisons où la vie commune est pratiquée, que je me bornerai à en signaler quelques-uns. Le plus grave est, sans contredit, la corruption mutuelle, résultat inévitable de l'influence du génie du mal qui préside à ces réunions, et qui domine à tel point, qu'il est impossible à ceux qui, après une première faute, ne seraient pas encore tout à fait corrompus, de ne pas succomber à sa maudite influence, et de ne pas sortir plus pervers qu'ils ne l'étaient à leur entrée. De là ces infernales associations et ces complots dont les résultats nous ont tant de fois été révélés aux cours d'assises; enfin, l'enseignement du crime mis en théorie, et dont on peut apprécier la pratique par les nombreuses victimes que compte la société. Si quelques libérés veulent suivre une voie honnête, il est rare qu'ils n'en soient pas détournés par d'autres, qui, inaccessibles au remords, s'efforcent de les entraîner avec eux dans le crime.

Je reconnais que la loi du silence appliquée à la vie en commun tempère les effets de la réunion sans frein qui engendrait tous ces maux : mais un tempérament n'est pas un remède radical; et, d'ailleurs, le silence est-il rigoureusement observé? Il ne l'est pas en fait : pour qu'il le fût, il faudrait que les gardiens fussent en très-grand nombre, et alors même il serait moins pénible d'être l'objet de la surveillance que de l'exercer.

Admettons qu'on obtienne le silence, et par suite, tout le bien qu'on peut en désirer. Cela n'empêchera pas que les détenus ne se connaissent de vue, et cela seul suffit pour que les plus pervers agissent encore de tout leur pouvoir, dans la prison comme en liberté. sur ceux qui auraient conservé quelque reste de bons sentiments.

Tout le monde s'accorde à reconnaître la nécessité de séparer les détenus dans les maisons de prévention, et dans celles destinées aux détentions correctionnelles de courte durée, et cela, parce que l'influence du vice, qui domine dans de telles réunions, pourrait achever de perdre ceux qui n'auraient pas atteint le dernier degré de la corruption. Cette opinion me semble parfaitement sage; mais, par une contradiction que je ne puis expliquer, il a été dit que, pour les longues détentions, la réunion des détenus était nécessaire, parce qu'il pouvait en surgir un enseignement du bien, et des rapports sociaux favorables à la réforme. Dans le cas où la réunion se compose de gens soupçonnés seulement ou convaincus de simples délits, on craint la corruption mutuelle, et dans le cas où elle se compose de con-

— 9 —

damnés, tous criminels, on pense que la vie commune peut agir en sens inverse : ces deux hypothèses sont-elles compatibles?

La séparation met ceux qui sont soumis à ce régime dans l'impossibilité de se connaître, par suite, de se corrompre mutuellement, et de comploter de nouveaux forfaits pour l'avenir; soumis, sans distraction, à la seule influence des leçons salutaires dont ils sont l'objet, si l'amélioration morale est possible, ce qui ne peut être mis en doute, ce système ne se compose-t-il pas de tous les éléments capables de réaliser cette espérance? Au contraire, dans la vie commune, admettant toujours la possibilité du silence, les détenus sont distraits par la vue de leurs compagnons, et les instructions morales et religieuses données en commun ne peuvent faire sur eux qu'une légère impression, et sont bientôt oubliées, si encore elles ne sont pas reçues avec dédain par des hommes qui, aux yeux des uns des autres, se targuent de leur cynisme et s'honorent de leurs crimes. Il faut, pour que l'un d'eux se décide à marcher dans la bonne voie, qu'il renonce à la gloire acquise, et qu'il ose s'exposer au mépris de ceux qui l'ont estimé à leur manière, pour se rallier à une société à laquelle il sera dénoncé par un codétenu, s'il se refuse à ses sollicitations, quand aura sonné l'heure de la libération; à une société qui le repoussera par la crainte, et l'accablera par le mépris.

Maintenant, je le demande à ceux qui ne croient pas à la possibilité de la réforme morale; de ces deux systèmes, essentiellement différents, lequel présente le plus de chances de succès et le plus de sécurité pour la société?

On conçoit aisément que dans le régime de la vie commune l'exercice du culte ne laisse rien à désirer matériellement, puisque les détenus peuvent être réunis dans une chapelle : cependant, qu'on ne pense pas que le régime de la séparation continue ne laisse pas la possibilité d'assister à l'office. Il y a, au contraire, sous ce rapport un avantage qui lui est propre. Dans l'un comme dans l'autre, les détenus peuvent voir le prêtre et l'entendre. Dans le premier, ils sont coude à coude, sujets aux distractions; et c'est surtout à la chapelle qu'ils peuvent se parler; dans le second, la solitude les pénètre de recueillement, et dispose leur âme à recevoir, avec l'impression des enseignements religieux, les germes du bien que le silence de la cellule va faire éclore et fructifier.

Si quelques personnes se refusaient à admettre ce moyen d'assister isolément à l'office divin, comme incompatible avec le culte catholique, je ré-

3

pondrais à cette objection par un fait : c'est que ce système d'emprisonnement, d'origine toute chrétienne, fut créé, et pour la première fois mis en pratique à Rome, en 1735, par le pape Clément XI, dans toutes les conditions que je propose ici.

Avec le régime de la vie en commun, la leçon de morale est pour tous la même, et il est bien permis de croire qu'elle n'agit pas de la même manière sur les caractères si divers que présente une telle réunion; les seuls et rares moments où elle puisse être véritablement appropriée à chacun sont ceux donnés à la confession. Dans le régime de la séparation, où la leçon de morale peut être aussi donnée collectivement, mais avec l'avantage déjà connu, on peut l'approprier à chacun en la donnant séparément; c'est toujours la confession; et directeur, prêtres, gardiens et autres personnes que la charité appelle en aide, ayant la connaissance des différents caractères qu'elles ont pu étudier, agiront avec beaucoup plus de succès qu'il n'est possible de l'espérer dans la vie en commun.

Après cet examen comparatif des deux systèmes au point de vue de leurs propriétés réformatrices, j'abandonne un instant à ceux qui doutent de la possibilité d'une amélioration morale, tous les avantages que le raisonnement seul a pu en ce sens présenter en faveur de la séparation continue, pour ne m'attacher qu'aux résultats positifs, incontestables; et je dis que ce qui est réel dans le régime de Philadelphie, est, pour quelques-uns, douteux, pour les autres, impossible dans celui d'Auburn. D'un côté, connaissance évidente des détenus entre eux, corruption et complots possibles, et même certains, trop d'exemples l'ont déjà prouvé; de l'autre, séparation complète des détenus entre eux, impossibilité de la corruption mutuelle et des complots. Ce seul résultat, dont on ne peut douter, serait, à mon sens, plus que suffisant pour faire adopter ce dernier système.

Les opposants au régime de la séparation se récrient contre sa rigueur. Je reconnais qu'il est plus intimidant que celui de la communauté, et par cette raison même je le crois préférable. Ce qu'il a, en effet, de particulier, c'est une expression de vie monacale qui tient à la cellule, et qui lui donne la physionomie pénitentiaire qui manque à ce dernier. La question est de savoir si cette rigueur est inhumaine. Je pense le contraire; je la trouve même plus humaine que la douceur prétendue du régime d'Auburn, et, en regardant les choses de plus près, beaucoup se rangeront à mon avis. D'abord, si, comme le pensent les législateurs, cette rigueur de la peine nécessite une réduction proportionnelle de sa durée, pourra-t-on taxer d'inhumanité l'arrêt qui décidera que la portion de sa vie que perd le détenu en prison, sera moins longue, et cela sans que le monde en coure de plus grands risques, peut-être même sans qu'il en coure autant? Si d'un côté il y a solitude, cette solitude, comme je l'ai dit, est heureusement tempérée par les rapports du service et par ceux auxquels on donne lieu en ouvrant les portes des prisons aux personnes qui se vouent à la réforme; de l'autre, il y a des oreilles qui écoutent, des bouches qu'on veut rendre muettes, mais qui peuvent parler bas; il y a péril à le tenter, audace à l'entreprendre, adresse à réussir; il y a, enfin, le supplice de Tantale qui est commandé au détenu, supplice qu'il dépend de lui de terminer par un chuchotement. Sans cesse en proie à la crainte, et harcelé par les désirs, il souffre s'il obéit; il est puni s'il succombe. Et quel est le but de cette tentation incessante? presque toujours la communication d'une pensée diabolique. Telle est l'humanité du régime de la vie commune. A Philadelphie, le détenu parle à ceux qui le visitent; à ceux qui, libres, viennent consacrer leur temps à s'occuper de ses souffrances. Ce qu'il dit, c'est son malheur, ce sont ses remords. La compassion divise son fardeau; la charité répond : Espère. Telle est l'humanité à Philadelphie.

Le régime de la vie en commun, tel qu'il est pratiqué en Amérique et dans nos maisons centrales, permet, il est vrai, de faire promener les détenus. Mais de quelle nature est cette promenade? Ils sont tenus d'observer entre eux des distances respectives, pour augmenter la difficulté des communications; il faut que leurs pas soient comptés, pour observer cette distance; le mouvement est ou trop rapide pour le vieillard, ou trop lent pour le jeune homme, et, dans ces moments de récréation, au désir de parler vient se joindre la contrainte de ralentir la marche, quand on sent peut-être le besoin de courir.

Le pénitencier de Philadelphie n'offre pas, il faut l'avouer, un moyen suffisant de promenade : la cour, trop petite, ainsi que je l'ai dit, présente, sous ce rapport, de graves inconvénients, et la double cellule pour le premier étage ne me paraît pas non plus répondre suffisamment au besoin. Mais, malgré cela, je ne saurais dire si la liberté de mouvement qui es: laissée aux détenus, soit dans les cellules, soit dans les petites cours, n'est pas préférable, tout compensé, à l'immobilité à laquelle ils sont réduits dans les petites cellules d'Auburn, et au mouvement mécanique obligé pour les récréations. Après tout, j'aurai levé toute incertitude à cet égard quand, ainsi qu'on le verra plus tard, j'aurai démontré que, sans interrompre la règle de l'isolement, on peut obtenir pour eux de véritables promenades, avec la possibilité d'y marcher ou d'y courir à leur gré.

Un argument dont les opposants au système de l'emprisonnement individuel usent immodérément, est que la plupart des détenus soumis à ce régime deviennent fous, et que tous y perdent la santé; quelques-uns, moins exagérés, se contentent de signaler des cas de folie, en s'appuyant sur des calculs statistiques, dont il serait peut-être facile de démontrer l'inexactitude. Ils concluent de ce fait, que le système est inadmissible. Je ne veux pas entrer dans l'appréciation des calculs qui servent de base à ces arguments; ce serait sortir des bornes que je me suis fixées, et, poursuivant mon examen comparatif, je ferai remarquer à ceux qui ont bien voulu m'y suivre jusqu'ici, que la vie commune pratiquée en Amérique, et telle que je l'ai décrite, met le détenu dans un état de contrainte continuelle, qui doit agir moralement et physiquement d'une manière plus contraire au besoin de la nature que ne le fait le régime opposé. A Auburn, la cellule, très-restreinte pour la nuit et les heures de récréation du dimanche, la promenade à pas comptés pour aller de la cellule à l'atelier, avec l'obligation du silence, voilà le régime qui met le prisonnier à l'abri de toute maladie. A Philadelphie, une cellule qui donne trente mètres de vide, où l'air se renouvelle sans cesse, et où le détenu est libre de ses mouvements; comme dépendance, une petite cour ou une seconde cellule, la faculté de tenir des conversations susceptibles de relever l'âme affaissée sous le crime : telle est la situation qui engendre tous les maux.

Il ne faut qu'un peu de réflexion pour faire justice de ces exagérations, et pour reconnaître que tel qui, soumis à un régime, est devenu fou, n'eût pas évité ce malheur lors même qu'il eût été soumis à l'autre; d'ailleurs, tous deux ont offert des cas de folie; je ne pense pas que cette maladie soit l'apanage de l'un plutôt que de l'autre de ces systèmes. Il serait peut-être plus juste d'attribuer ce désordre non à la réclusion, mais à l'état mental de ces hommes qui, entraînés vers le mal, ont peut-être une prédisposition à la folie; et si l'on joint à cela leurs habitudes déréglées et leurs excès de tout genre, on aura, je pense, assez de bonnes raisons pour justifier cette opinion.

Mais, dit-on, le pénitencier de Philadelphie offre un résultat défavorable en ce sens. J'ai déjà dit que j'avais quelques raisons pour suspecter la source des éléments dont on a tiré de justes déductions : toutefois, en les admettant tels qu'ils ont été présentés, je n'y verrais pas encore une preuve bien convaincante contre le système de séparation, mais tout simplement un résultat dont les véritables causes peuvent tenir à la localité et à certaine disposition particulière à cette prison.

Nos maisons centrales, soumises toutes au même régime, et pour la salubrité desquelles on a pris tous les soins possibles, ne présentent cependant pas toutes des résultats sanitaires satisfaisants, et le pénitencier de Cherry-Hill est le seul du système sur lequel on ait expérimenté d'une manière convenable, et peut se trouver dans des conditions relativement peu favorables.

Si, au pénitencier de Philadelphie, il y a eu à signaler quelques cas de folie de plus qu'à celui d'Auburn, ce qui serait peut-être difficile à prouver, et ce que j'admets, toutefois, sans plus d'examen, on peut les attribuer, suivant moi, au régime et à une particularité de la construction du premier de ces établissements dont la disposition s'oppose à ce que les détenus puissent se promener tous les jours. Mais modifiez le régime, autant qu'il peut être modifié sans nuire au principe de la séparation des prisonniers, et procurez-leur la promenade en plein air qui leur manque, en détruisant les causes, vous détruirez les effets; donnez, enfin, à chaque détenu une cellule, ou plutôt une petite chambre convenablement éclairée, chauffée et ventilée, donnez-lui du travail et la distraction de l'étude; multipliez, autant que possible, les visites; qu'il ait avec tout cela une nourriture saine et régulière; enfin, qu'il se promène une heure chaque jour, alors il sera sans doute dans la meilleure condition possible pour un prisonnier; en sorte que, s'il tombait malade ou devenait fou, on aurait à en chercher la cause ailleurs que dans le régime ou dans le local. Maintenant, ajoutez aux précautions prises pour conserver la santé, toutes celles que vous jugerez nécessaires pour favoriser son prompt rétablissement lorsqu'elle se trouvera grièvement compromise; entre autres dispositions destinées à cet effet, construisez une infirmerie où, sans altérer en rien la base du système, le détenu jouisse des soins constants que réclame son état, et vous aurez, je crois, répondu à toutes les objections qui sont faites à la séparation sous le rapport sanitaire, tout en conservant dans leur perfection ses qualités pénitentiaires et réformatrices.

C'est, au surplus, ce qu'a parfaitement démontré M. Moreau-Christophe, dans l'intéressant mémoire qu'il a présenté à l'Académie royale de médecine, sur la mortalité et la folie dans le régime pénitentiaire; et c'est ce qu'a solennellement proclamé l'Académie elle-même, en décidant, par l'organe de son célèbre et savant rapporteur, M. Esquirol, que le régime de l'emprisonnement individuel, tel qu'on se propose de l'appliquer en France, ne peut nuire ni à la santé, ni à la raison des détenus.

Maintenant se présente la question du travail, sur laquelle s'appuient encore les adversaires du système de la séparation pour le repousser. On ne peut, disent-ils, lui donner dans la cellule toute l'extension dont il est susceptible dans l'atelier. Cela me paraît incontestable : prétendre le contraire serait tomber dans l'exagération inverse de celle que soutiennent les personnes qui pensent que la cellule ne peut admettre aucun travail. Lorsqu'on a quelque peu fréquenté les établissements industriels, qu'on a seulement vu à l'œuvre les ouvriers de Paris, on est à même d'apprécier cette objection à sa juste valeur, et il me semble qu'alors il est aisé de reconnaître qu'à l'exception des ouvrages auxquels le concours simultané de plusieurs personnes est indispensable, tous les autres à peu près sont susceptibles de s'exécuter aussi facilement dans la cellule que dans l'atelier. Peuvent-ils produire autant? Les faits répondent en faveur de l'isolement, et prouvent, en même temps, que l'enseignement industriel y est aussi facile, et que les progrès y sont au moins aussi rapides que dans la vie en commun (1).

Quant à l'instruction élémentaire, qu'il est de la plus grande importance de donner aux détenus, il faut, il est vrai, renoncer pour ce régime à l'enseignement mutuel, dont on obtient de si bons résultats; mais soit que la solitude, éloignant toute distraction, l'élève saisisse mieux les leçons du maître, soit que l'isolement donne plus d'aptitude et de ténacité au travail, soit enfin par ces deux causes réunies, les expériences faites jusqu'à ce jour sur l'enseignement élémentaire aussi bien que sur l'enseignement professionnel, donnent toute satisfaction aux partisans du système de séparation. Maintenant, pour se convaincre de la possibilité de la réalisation de cette théorie, qu'on jette les yeux sur la prison de la Roquette, à Paris, où la séparation des jeunes détenus a été heureusement opérée, et on verra les

---

(1) Voir à ce sujet deux brochures publiées en 1838 par M. Guillot, entrepreneur général des maisons centrales de Poissy et de Gaillon. Imprimerie de madame Porthmann, rue du Hasard, 8.

prétendues impossibilités s'évanouir devant le zèle intelligent et éclairé
des praticiens en ce genre d'instruction.

Arrivant à la question d'architecture, je ferai une observation com-
parative, relativement aux dépenses que peuvent occasionner les constructions pour l'un et l'autre de ces systèmes. Une maison destinée à la vie
en commun, avec cellules pour la nuit, coûterait, d'après les calculs faits,
moitié du prix de celle que l'on érigerait pour la séparation continue.
Mais le premier de ces systèmes, parfaitement pratiqué en France dans
nos maisons centrales, toutefois, sans les cellules qui, suivant moi, ne
peuvent donner rien de plus satisfaisant que les dortoirs éclairés et sur-
veillés comme ils le sont, n'offrirait pas d'autres résultats que ceux que
nous connaissons; et si, après l'exécution, on jugeait nécessaire d'appliquer le régime de la séparation, cela serait impossible sans de grands frais :
les cellules construites, certainement trop petites pour un séjour continu,
seraient à démolir, et il est démontré que l'application du régime de la
séparation dans une prison où la vie en commun est en pratique, ne peut
donner qu'un très-mauvais résultat; il s'ensuivrait donc qu'on se trouverait
dans l'alternative, ou, tout en dépensant beaucoup, d'approprier fort mal
des bâtiments qui ne se prêteraient nullement aux exigences de la séparation continue, ou de construire entièrement à neuf; en sorte que dans ma
conviction, sans parler ici des économies que donnerait ce système par la
diminution des récidives et la moindre durée des détentions, je n'hésite pas
à ranger encore la question d'économie de construction au nombre de ses
avantages.

Je terminerai cet examen comparatif, que je ne prolongerais pas sans
franchir les limites que je me suis imposées, en citant un fait très-important qui peut me servir de résumé.

La prison de la Roquette fut disposée pour la vie commune suivant le
régime d'Auburn : plusieurs années d'occupation de cet établissement par
les jeunes détenus ont fourni des expériences dont je vais faire connaître
les résultats. Le régime de la communauté, d'abord établi, ne donna pas
les avantages qu'on attendait, l'épreuve fut peu satisfaisante; ce fut alors
que l'on confia à la séparation les détenus du quartier de la correction
paternelle; rien ne fut changé pour les autres. La correction paternelle
avança vers le bien; le mal fit des progrès parmi les derniers. La corruption
morale et l'appauvrissement physique les ravagèrent tellement, que tous les

soins de l'administration devinrent superflus. Il fallait un remède radical. M. Delessert, préfet de police, qu'on ne saurait trop louer en présence du bien opéré, eut recours à la séparation ; tous les enfants y furent soumis. Depuis trois ans que ce régime est en vigueur, tout prospère dans la maison. L'instruction morale et religieuse, élémentaire et professionnelle, présente tous les avantages désirables, et le travail produit plus que précédemment ; le contentement y remplace la tristesse, et la santé s'y améliore de jour en jour.

Si à ces considérations on ajoute que dans cette circonstance l'application du régime de séparation a été faite à une population pour laquelle on devait plus que pour toute autre en redouter les conséquences, enfin, à des enfants, et dans des locaux qui, disposés pour un autre régime, n'ont pas les dimensions requises, et manquent des dispositions de détail qui pourraient leur assurer la salubrité nécessaire ; dans un établissement où il est impossible de leur procurer une promenade commode et suffisante, on reconnaîtra, je pense, ce fait comme capable de renverser à lui seul tout l'échafaudage des objections élevées contre le régime de la séparation, et de convaincre les plus opposés. Quant à moi, ma conviction avait déjà été établie par l'observation des faits et sur des raisons que j'ai données plus haut, lorsque ce dernier est venu ajouter une nouvelle preuve, preuve palpable pour tous, puisque c'est à Paris même qu'elle s'est élevée pour répondre aux attaques de ceux qui, bien intentionnés, n'avaient pu connaître ce régime que par des descriptions ; preuve, enfin, dis-je, de l'excellence de ce système d'emprisonnement, dont l'application en France, avec les perfectionnements dont il est susceptible et les modifications qu'exigent nos lois, nos mœurs et notre caractère, peut faire un système Français, et ne peut manquer de porter des fruits salutaires.

Après m'être hasardé de sortir de mes attributions pour entrer dans le domaine de la théorie, afin de pouvoir exposer les motifs sur lesquels se fonde ma prédilection bien décidée pour le système de l'emprisonnement individuel, j'y vais rentrer, en faisant connaître par un projet longuement étudié, et cependant susceptible encore d'amélioration, les moyens pratiques que je crois convenable d'appliquer pour la réalisation de ce système.

PROJET
DE PRISON CELLULAIRE
POUR 585 CONDAMNÉS [1].

EXPOSÉ GÉNÉRAL.

Dans l'hypothèse où le gouvernement adopterait le système d'emprisonnement individuel, ne fût-ce qu'à titre d'essai, j'ai cherché comment il serait possible de disposer les bâtiments d'une prison pour appliquer ce régime à une maison pénitentiaire capable de recevoir de cinq à six cents détenus, nombre qui, de l'avis de tous ceux qui ont étudié cette matière, doit être le maximum de la population d'une prison.

En 1837, M. le Ministre de l'Intérieur a dit, dans son Rapport au Roi sur les prisons départementales : « Pour élever des prisons, il faut avoir un « système dont le programme devient la pensée et le plan l'expression. »

Si le système et le programme doivent être l'œuvre des législateurs et de l'administration, la traduction du programme en construction appartient aux architectes ; eux seuls, après s'être bien pénétrés des besoins qu'il indique, peuvent trouver des combinaisons qui y répondent, en restant toujours dans les limites de raison et de possibilité d'exécution prescrites par l'art ; et quoiqu'une prison soit un édifice qui exclue la richesse décorative, il n'est pas moins vrai qu'en satisfaisant d'abord, avec toute l'économie possible, aux exigences du système, la disposition doit toujours produire dans ces conditions un monument d'art que les architectes seuls peuvent concevoir.

[1] Ce projet conçu en 1841, et communiqué alors au Conseil général des bâtiments civils, a été présenté au Ministre de l'Intérieur au mois de mars 1842.

Le Conseil des Inspecteurs généraux des prisons du royaume, chargé de l'examiner, sous le rapport administratif, l'a entièrement approuvé.

A défaut du programme administratif qui n'est pas encore formulé, je m'en suis fait un qui semble ressortir de tous les documents publiés en France sur le régime de l'emprisonnement individuel; il a pour base, non l'isolement absolu qui, à juste titre, répugne à l'idée de bien des personnes, mais seulement, la séparation des détenus entre eux, dans toutes les circonstances de leur vie, avec la possibilité de les faire communiquer, autant qu'on le jugera convenable, avec les gens de bien qui, par leurs relations, pourraient exercer sur eux une action réformatrice et adoucir leur captivité. Dans cette première donnée, j'ai cherché une disposition qui pût favoriser le plus complétement possible une surveillance simple et facile, l'exercice du culte pour tous les détenus, la promenade quotidienne pour chacun d'eux, la parfaite aération de toutes les parties des bâtiments, donner toute garantie cont '·s chances d'évasion, satisfaire à tous les besoins du service, et enfin, ..mplir ces conditions, sans s'écarter de celle d'économie de construction, qui a toujours été présentée comme une des principales, la grande dépense ayant été considérée comme un des plus sérieux obstacle à l'adoption d'un système de construction pour l'emprisonnement individuel.

Disposition.
De toutes les dispositions connues, aucune ne m'a paru répondre plus complétement aux exigences de l'emprisonnement individuel que celle du plan rayonnant, et parmi beaucoup d'autres que j'ai essayées, je n'en ai pas trouvé qui présentât autant et d'aussi grands avantages; c'est ce qu'on pourra apprécier par l'application que j'en fais ici aux principales conditions de ce système d'emprisonnement.

Un de ces avantages est que, par la division des bâtiments que donne naturellement cette disposition, chacun d'eux, tout en se trouvant soumis à la surveillance centrale, forme pour ainsi dire une prison séparée où l'on pourrait placer les détenus par catégories, soit par distinction de corps d'état, soit autrement, avec la facilité d'appliquer, si on le jugeait convenable, des modifications au régime, et cela d'autant mieux que, par la disposition des promenoirs que je propose et qui forment une des particularités de mon projet, chaque bâtiment aurait les siens; en sorte que, pourvu de tous ses accessoires, il serait parfaitement indépendant des autres, et qu'on pourrait considérer les huit bâtiments cellulaires comme autant de prisons distinctes qui offriraient cet avantage sans diminuer la facilité de la surveillance centrale et particulière, et sans nécessiter d'augmentation dans le personnel des gardiens.

Dans ce projet, on reconnaîtra que la partie relative à l'arrangement des cellules ressemble en un point à la disposition de celles des pénitenciers de Pensylvanie. Il m'a paru sage d'appliquer ici un détail dont la disposition est excellente, ce qui est aujourd'hui constaté, par une expérience de plus de douze années. Toutefois, si, d'un côté, j'ai imité des pénitenciers d'Amérique cette partie que j'ai reconnue bonne, de l'autre, j'ai rejeté celles que j'ai trouvées vicieuses ; et d'ailleurs, en portant les yeux sur le projet que je propose, on verra que s'il ressemble en un point à ces établissements, il en diffère tellement dans tout le reste, qu'il ne serait pas juste de dire que c'est une copie, pas plus qu'il ne le serait de dire qu'il comporte en lui l'expression du système de Philadelphie.

sûreté. Au point de vue de la sûreté, les dispositions sont telles qu'indépendamment du grand mur d'enceinte qui offre toute garantie, les dépendances des bâtiments de détention et ces bâtiments eux-mêmes, sont enfermés par les promenoirs et un corridor de ronde qui forment une première enceinte qu'il serait déjà très-difficile de franchir, surtout en raison des dispositions prises pour la surveillance. Il est en outre à remarquer qu'aucune des parties occupées par les détenus ne touche le mur d'enceinte extérieur. Cette disposition a pour but d'empêcher l'escalade que pourraient favoriser les murs ou les bâtiments qui lieraient entre elles ces parties. En dehors du grand mur d'enceinte est une rue d'isolement où pourraient être placées des sentinelles. Des terrains d'une certaine largeur qui enveloppent le tout, en éloignant encore les propriétés particulières de la prison, donneraient des jardins pour le Directeur et pour les employés. Toutefois, il est facile de reconnaître qu'en ne considérant que la sûreté, ce surcroît de précaution pourrait être négligé sans inconvénient.

salubrité. Sous le rapport de la salubrité, le projet que je propose offre huit ailes de bâtiment dirigées sur un point central, et séparées entre elles par des cours qui faciliteraient la libre circulation de l'air autour de tous les murs, et l'introduction de la lumière dans toutes les parties intérieures. Chaque aile est traversée dans toute sa longueur par une large galerie qui, par sa correspondance avec celle de l'aile opposée et par les ouvertures de leurs extrémités, forme en quelque sorte une rue dans laquelle on pourrait à volonté faire circuler l'air à travers tout l'intérieur de la prison et dans huit directions différentes. Dans les huit autres directions que laissent les intervalles des bâtiments cellulaires, la lumière et l'air seraient encore introduits dans la partie centrale, assez largement pour ne laisser aucun doute sur sa parfaite aération.

Sur la seule vue du plan, il m'a été objecté que le trop grand rapprochement des bâtiments cellulaires de celui du centre, pourrait empêcher l'air et la lumière d'arriver suffisamment dans cette partie de l'édifice; j'ai à répondre à cela, qu'au pénitencier de Philadelphie les bâtiments sont sensiblement plus resserrés qu'ils ne le sont ici, sans qu'il en résulte l'inconvénient signalé, et si l'on veut examiner les élévations de mon projet, on reconnaîtra, je l'espère, que la multiplicité et la grande dimension des ouvertures par lesquelles sont aérées et éclairées toutes ces parties, doivent ôter toute crainte de ce genre; d'ailleurs, le système de ventilation qui fonctionnera dans tout l'intérieur de la prison sera encore un puissant moyen d'assainissement que n'offre pas le pénitencier de Cherry-Hill, et qui, ajouté à ceux déjà indiqués, ne doit pas laisser d'inquiétude à cet égard.

Dans tous les cas, ceux qui, malgré ces observations, pourraient encore conserver quelque crainte, reconnaîtront sans doute que, si l'on voulait sacrifier un peu des avantages que donnerait l'exécution du projet tel qu'il est, rien ne s'opposerait à ce que les bâtiments cellulaires fussent plus éloignés du centre qu'ils ne le sont, ce qui mettrait un plus grand espace entre eux; ce n'est plus alors qu'une question de terrain.

Il est facile de concevoir que la ventilation de chaque cellule pourrait à volonté s'effectuer au moyen de la porte qui donne sur la galerie, et de la fenêtre extérieure; mais, outre cela, un système de ventilation se combinerait avec le chauffage, de manière à ce que l'air de la cellule pût être constamment renouvelé, lors même que la porte et la fenêtre seraient fermées, l'hiver, par de l'air chaud, l'été, par de l'air frais. Dans ces conditions, avec des cellules d'une capacité d'environ trente mètres cubes, et l'exercice qu'on pourra faire prendre aux détenus, ainsi que je le ferai voir plus loin, il ne peut y avoir d'objection à faire, au point de vue de la salubrité. D'ailleurs, dans le cas d'indisposition, les détenus seraient traités dans leurs cellules, et ceux qui seraient atteints de maladies graves pourraient être transférés dans un bâtiment d'infirmerie disposé à cet effet sur un point isolé du terrain. Dans cette infirmerie cellulaire se trouvent vingt-quatre cellules placées toutes de manière à recevoir les rayons du soleil et à être parfaitement ventilées. Elles sont accompagnées des dépendances nécessaires au traitement des malades : un autel y est disposé pour l'exercice du culte, et des promenoirs y sont ménagés pour la promenade des convalescents.

Surveillance. Après la question de salubrité, celle de surveillance, d'où dépend en grande partie la sûreté, a fait l'objet de mes études. Voici comment elle aurait lieu : au milieu de la salle centrale, à hauteur du premier étage, serait un cabinet pour le Directeur, où il pourrait arriver et se tenir sans que personne en eût connaissance ; de là, il verrait les huit galeries intérieures des bâtiments cellulaires, et toutes les portes des trois étages de cellules, d'où il résulte qu'il verrait si les gardiens sont à leur poste, et si le service se fait partout. Comme moyen de surveillance sur les détenus, la porte de chaque cellule serait disposée de telle sorte que, sans l'ouvrir non plus que le guichet qui y serait pratiqué pour d'autres parties du service et au moyen d'une petite ouverture qui permettrait de voir sans être vu, les surveillants pussent connaître toutes les actions des prisonniers, et entendre même le moindre bruit qu'ils feraient De son côté, le détenu sachant qu'on peut ainsi observer tous ses mouvements, entendre toutes ses paroles, et pouvant toujours croire qu'on l'épie, ne saurait quel moment choisir pour commettre en sûreté une infraction aux règles de la prison. Le moyen de surveillance occulte qui serait à la disposition des gardiens, pourrait servir aussi au Directeur, lorsqu'il ferait sa ronde, ce serait même le moyen le plus efficace pour surveiller les gardiens dans leurs rapports avec les détenus, et les surprendre en défaut s'il existait entre eux quelques relations coupables. Cette surveillance de détail que pourrait exercer le Directeur serait d'autant plus facile, qu'en raison de la disposition de la prison, elle exigerait de sa part très-peu de déplacement, tous les points étant très-rapprochés du centre.

Un double système de surveillance est établi au moyen d'un corridor de ceinture dont l'entrée se trouve au guichet du bâtiment de la détention, et qui passe par les extrémités de ses huit ailes, où se trouvent les pièces en tour ronde destinées aux postes de jour et de nuit des gardiens. En suivant ce corridor, qui forme chemin couvert au rez-de-chaussée, et terrasse au premier à hauteur des chambres des gardiens, les rondes de jour et de nuit verraient successivement les cours, les cellules particulières qui se trouvent au milieu, les intérieurs des bâtiments cellulaires, les postes des gardiens, les promenoirs et le chemin de ronde. Les surveillants, de leurs postes, inspecteraient à la fois l'intérieur du bâtiment dont ils auraient la garde, les promenoirs qui en dépendent, et seraient en vue du centre d'inspection générale.

Quelques personnes ont pensé qu'il serait désirable que le Directeur, à son centre d'inspection, fût placé de manière à voir, non-seulement les gardiens, mais même les détenus dans toutes leurs actions, et les uns et les autres dans leurs rapports entre eux. Cette opinion qui met en question la confiance qu'on doit accorder aux agents subalternes d'une prison, fait supposer de mauvais gardiens, et avec de mauvais gardiens, il n'y a ni bon système d'emprisonnement, ni réforme possible; c'est par le bon choix de ces agents, et par la sage direction qu'on leur donnerait, qu'on agirait le plus souvent sur les détenus; et cette action serait d'autant plus efficace, que ces places de surveillants, honorées par un certain degré de confiance et de responsabilité, pourraient être recherchées par des hommes de quelque dignité : au contraire, si une suspicion continuelle pesait sur eux, si rien n'honorait leur position , si détenus et gardiens étaient également suspectés, on comprend aisément qu'il serait à craindre qu'aucun homme honorable n'acceptât cet emploi, et que les sympathies qui pourraient s'établir entre des hommes ainsi confondus ne fussent un grand obstacle à la réforme pénitentiaire.

La meilleure surveillance, la seule désirable et possible, est celle qui, s'exerçant simultanément et à volonté d'une manière occulte par le Directeur sur tous les gardiens, et de la même manière par ces derniers sur tous les détenus, garantit l'exécution du service en donnant à chacun, suivant sa position, l'émulation qui aurait pour effet d'activer son zèle, et par suite la part qu'il pourrait mériter dans l'accomplissement de l'œuvre à laquelle il coopère; car, si le Directeur ne peut avoir confiance en personne, si lui seul peut et doit surveiller, se figure-t-on quelle sera, dans ce cas, sa position? ne devant s'en rapporter à personne, il ne pourra quitter un seul instant son point d'inspection, il faudra qu'il y passe jour et nuit, il faudra qu'il ne dorme pas; cela est-il admissible? est-ce possible?

Si une surveillance bien entendue est un des points importants du système pénitentiaire, l'exercice du culte doit aussi être considéré comme un des plus puissants moyens par lesquels on puisse agir sur l'esprit des détenus. Convaincu que les pratiques religieuses doivent avoir une grande action réformatrice, j'ai cherché une disposition qui permît à tous les détenus d'entendre la messe sans sortir de leurs cellules et sans se voir entre eux. Suivant les préceptes de l'Église, il suffit d'entendre le prêtre officiant pour satisfaire complétement au devoir religieux ; et pour s'en convaincre, qu'on jette les yeux sur les couvents d'Italie, où certes les pratiques du culte catholique sont rigoureusement observées, on verra que presque toujours les religieux y sont placés de telle sorte qu'ils ne peuvent qu'entendre l'officiant sans le voir. Cependant, des personnes dont l'opinion est d'un grand poids dans la question pénitentiaire, exigent plus pour les détenus que pour les religieux, persuadées que la vue du prêtre et la pompe de l'autel doivent exercer une heureuse influence pour réformer leurs mauvais penchants : ces personnes veulent que les détenus assistent à la messe de l'oreille et des yeux ; c'est pourquoi, dans le projet que je propose, j'ai répondu même à cette condition par des moyens simples, et très-faciles d'exécution.

Puisque, ainsi que je l'ai déjà dit, toutes les portes des cellules sont en vue du centre d'inspection, l'autel, placé à ce point, au-dessus du cabinet du Directeur, entre le premier étage et le second, pourrait donc être vu de toutes les portes des cellules, et les plus éloignées n'en sont qu'à cinquante mètres, tandis que, dans un plan circulaire, si elles n'étaient élevées que sur trois étages, comme dans le cas dont il s'agit, elles en seraient distantes de plus de quatre-vingts. Il n'y a presque pas d'églises de quelque importance où la plupart des assistants ne soient plus éloignés de l'officiant, que ne le seraient ceux qui occuperaient les cellules les plus éloignées de mon projet, et le simple aspect du plan fait connaître que les autres sont de plus en plus près de l'autel, en sorte que les premières en sont à une très-petite distance.

Voici, pour le détail, comment les deux conditions de l'audition et de la vue du prêtre pourraient être obtenues ; si l'on ne voulait satisfaire qu'à la première, il suffirait d'entr'ouvrir la porte pleine de la cellule dans un angle déterminé ; fixée à ce point, elle masquerait à chaque détenu la vue des détenus des autres cellules. Dans ce cas, placé derrière la grille intérieure, qui resterait fermée, il entendrait le prêtre sans le voir ; mais pour qu'il le vît, il suffirait d'ouvrir cette grille, de le laisser approcher de la porte, ce qui serait la chose la plus simple et sans le moindre inconvénient, la porte étant maintenue de manière à ne laisser voir que le point où est l'autel. Quant à la surveillance pendant les offices, il va sans dire que les gardiens seraient dans les galeries, et il est facile de reconnaître qu'ils seraient en position de s'apercevoir de la moindre infraction au silence. Voulant acquérir la certitude que, malgré la saillie des balcons et des portes entr'ouvertes, les détenus de toutes les cellules verraient le prêtre, je m'en suis rendu compte par une opération géométrique (1). Les prédications pourraient se faire de l'autel, ou mieux encore des ponts qui se trouvent à une hauteur convenable, à l'entrée de chaque galerie. Les détenus qui occuperaient les pavillons d'exception, dont je parlerai plus loin, seraient conduits dans les parloirs pour assister à la messe, soit qu'on applique l'isolement, soit que la vie commune soit en pratique dans ces pavillons.

La difficulté de donner à chaque homme la possibilité de se promener à l'air libre, sans cependant manquer à la condition de l'isolement, base fondamentale du système, est sans contredit un des problèmes les plus difficiles qu'on rencontre dans le programme d'une prison à longue détention, devant renfermer environ cinq cents détenus.

A la maison d'arrêt de Philadelphie, il n'y a pas de promenoirs; au grand pénitencier de la même ville, le long des cellules du rez-de-chaussée, sont de petites cours égales aux cellules en nombre, et à peu près de même dimension. J'ai dit, dans mon rapport sur cette prison, que l'expérience avait appris que ces petites cours empêchaient la circulation de l'air le long des bâtiments, et qu'il en résultait, dans les cellules du rez-de-chaussée, une humidité provenant de celle des cours, qui n'ont ni assez d'air, ni assez de soleil, pour les sécher, vu l'élévation obligée des murs qui les environnent; que, par ce motif, la fréquentation en était peu salubre, et qu'en outre, elles n'étaient pas de dimension suffisante pour que les détenus pussent y prendre l'exercice convenable. Ces inconvénients sont tels, que beaucoup de prisonniers préfèrent les doubles cellules du premier étage, et que la prison de Trenton, construite depuis, avec la même destination, est dépourvue des petites cours qui se trouvent à Cherry-Hill (2).

On a dit, avec raison, que, dans le cas où l'on adopterait pour la France

---

(1) M. Moreau Christophe, mon collègue, commet une erreur en disant dans un écrit qu'il vient de mettre au jour (*), après avoir eu entière connaissance du travail que je publie ici : « Que mon plan « ne permet pas à tous les détenus de voir le prêtre. » Cette condition, au contraire, est complétement remplie, ainsi que je viens de l'expliquer; la figure 7 de la planche VI en est la preuve.

(2) Rapport à M. le Comte de Montalivet, Pair de France, Ministre, Secrétaire d'État au département de l'Intérieur, sur les pénitenciers des États-Unis, 1837.

(*) Résumé de la Question pénitentiaire, à la suite de Considérations sur la réclusion individuelle.

l'emprisonnement cellulaire, il serait indispensable de faire au moins respirer l'air libre aux détenus; tel a toujours été mon avis. Mais, en cherchant
dans ce sens, j'ai toujours voulu aussi que les espaces donnés à chaque détenu
fussent tels qu'ils pussent véritablement s'y promener et même y courir s'ils
le voulaient. A mon rapport sur les prisons d'Amérique j'ai joint un premier
projet où j'ai indiqué le moyen de faire promener chaque jour une partie
des détenus; dans un second, j'ai donné plus d'extension à mon système de
promenoirs, puisqu'il serait possible d'y faire promener chaque jour tous
les détenus pendant une demi-heure. A ce moyen, il a été objecté qu'il y
aurait de grandes difficultés et de graves inconvénients à faire ainsi sortir
tous les détenus pour les conduire à leur tour dans les promenoirs. D'après
la disposition que j'avais adoptée, j'ai dû reconnaître qu'il y aurait en effet
quelque difficulté, mais non impossibilité comme on paraissait le croire. Cependant j'ai voulu répondre à l'objection, et je donne ici une disposition
nouvelle à mes promenoirs. Cette disposition est celle que j'avais déjà pro-
posée dans un projet de prison départementale, présenté au Ministère de
l'Intérieur au mois de janvier 1839. En examinant comment le service en serait fait, on reconnaîtra, je l'espère, qu'il serait très-simple et très-facile
et qu'il ne nécessiterait aucune augmentation dans le nombre des gardiens.

Pour le service de surveillance intérieure, j'ai supposé que chaque corps
de bâtiment, qui se compose de soixante-six cellules, serait desservi par
deux gardiens qui auraient leur chambre et leur poste de surveillance au
premier étage de la tour ronde de l'extrémité du bâtiment. Or, cette tour
fait précisément le centre des neuf promenoirs que je destine particulièrement à chaque division. Lors des promenades, un des deux gardiens se tien-
drait à ce poste, et verrait de là toutes les portes des cellules et les promenoirs dans toute leur étendue; il pourrait en outre, au moyen d'un méca-
nisme très-simple, tel qu'un cordon, ouvrir successivement toutes les portes
des promenoirs, qui seraient aussi successivement fermées par les détenus
lorsqu'ils y seraient entrés. Le second gardien n'aurait qu'à ouvrir les portes
de huit cellules pour laisser aller les détenus, l'un après l'autre, aux promenoirs, sans qu'il lui fût nécessaire de les y accompagner, puisque, pendant
tout le trajet, ils seraient constamment sous ses yeux et sous ceux de l'autre
gardien. Il en serait de même pour le retour. Par ce moyen, que l'aspect
du plan doit faire reconnaître comme très-facile, en huit ou neuf heures
par jour, chacun des détenus pourrait jouir d'une heure de véritable pro-

menade. Avec l'adjonction d'un simple appentis établi au fond des promenoirs, les prisonniers pourraient être à couvert si le besoin s'en faisait sentir. Huit promenoirs suffiraient au service de chaque bâtiment ; mais j'en ai
supposé neuf, afin qu'on en eût un en réserve pour donner le moyen de
faire promener plus longtemps ceux des détenus pour lesquels cela serait
reconnu nécessaire.

Je crois avoir suffisamment démontré combien l'usage de ces promenoirs
serait simple et facile, et, en se rendant compte des avantages qu'ils pourraient avoir pour la santé des détenus, on concevra, je l'espère, qu'ils seraient
la meilleure réponse à l'objection grave faite au régime de l'emprisonnement individuel, qui, suivant certaines opinions, est inadmissible, en ce
qu'on ne pourrait faire prendre de l'exercice à tous les détenus. Mais un
autre avantage que pourrait encore donner ce système de promenoirs, c'est
qu'au moyen des petits cabinets d'aisances qui y seraient placés et que j'indique, on pourrait, à l'aide d'une discipline facile à suivre, se dispenser des
latrines fixes ou mobiles, que le séjour constant des détenus dans les cellules nécessiterait d'y établir. Chacun sait que, dans la vie régulière, il est
possible de se régler à cet égard, et les cabinets des promenoirs répondant à
ce service, il suffirait, pour le reste, que les détenus eussent dans leurs cellules, ainsi que cela se pratique en Amérique dans le système d'Auburn, un
seau portatif qu'ils videraient eux-mêmes en allant aux promenoirs. Si ce
résultat peut être obtenu, ce qui ne me paraît pas douteux, on aura levé
par là une des plus grandes difficultés de l'emprisonnement individuel. Cette
difficulté disparaîtrait plus certainement encore si l'on admettait pour règle
deux promenades par jour, d'une demi-heure chacune. Mais d'une manière
ou de l'autre, on doit concevoir que les détenus, ayant à vider eux-mêmes
leurs vases, s'arrangeraient pour éviter autant que possible le désagré-
ment de cette corvée. Le vase, devant être vidé par le détenu, pourrait
être placé dans le mur extérieur, et être bien aéré, ce qui ne serait pas possible si toute autre personne était chargée de ce service.

Presque toutes les cellules sont de dimensions telles qu'indépendamment
du petit ameublement nécessaire elles peuvent recevoir un métier pour les
travaux ordinairement en pratique dans les maisons centrales. Outre les cellules du rez-de-chaussée, qui sont plus longues que celles des étages supérieurs, la disposition du projet donne quarante-huit cellules plus grandes,
pour les industries qui exigeraient plus de place, et si on voulait encore va-

rier les dimensions des cellules, rien ne s'opposerait à ce qu'on fît celles des trois étages de longueurs différentes.

Cellules d'exception.

Six petits bâtiments isolés et disposés dans l'intervalle des ailes cellulaires donnent, sur deux étages, douze cellules ; chacun de ces six pavillons est placé au milieu d'un promenoir qui lui est particulier et qui peut être surveillé de la salle centrale. Ces cellules, plus grandes que les cellules ordinaires, pourraient être destinées à des traitements exceptionnels, soit pour des industries particulières, soit pour des détenus qui devraient être soumis à un régime spécial, ou bien encore, si, par exception, on voulait appliquer le régime de la vie commune à quelques-uns d'entre eux, il n'y aurait qu'à faire du rez-de-chaussée de ces bâtiments un atelier, et du premier étage un dortoir.

Cellules de punition.

Autour de la salle centrale sont, au rez-de-chaussée, des parloirs divisés en stalles, afin de répondre aux besoins sans faciliter les communications entre les condamnés. Au-dessus, sur trois étages, sont vingt cellules de punition, toutes séparées les unes des autres par la largeur des galeries des grands bâtiments. Ces cellules seraient disposées dans leurs détails de manière à remplir leur destination. Celles de l'étage supérieur se trouvent contiguës à des terrasses qui pourraient servir de promenoirs pour les prisonniers en punition.

Empêchement des communications entre les détenus.

Toutes les cellules seraient construites de manière à assurer la séparation des détenus et à mettre obstacle aux communications, toutefois, sans ces dispositions dispendieuses qui auraient pour but d'empêcher que des cris même pussent être entendus ; j'ai voulu seulement que la disposition fût telle que le bruit que le détenu serait obligé de faire pour communiquer avec son voisin fût plus facilement entendu par le gardien. C'est, je crois, tout ce qu'il est raisonnable de demander pour les cellules ordinaires ; celles de punition seules répondraient à l'isolement le plus rigoureux et pourraient même être rendues obscures à volonté.

Chauffage et ventilation.

En ce qui concerne le chauffage, quoique ce soit un point très-important dans la distribution d'une prison cellulaire, je ne vois pas qu'il soit nécessaire d'entrer ici à ce sujet dans des détails très-circonstanciés, ni d'indiquer quel système doit être préféré, puisque, d'après des expériences et des études déjà faites, soit avec l'emploi de la vapeur, de l'eau chaude, et de l'air chaud, soit avec la combinaison des trois moyens ou de deux seulement réunis, on peut obtenir le résultat désirable. Il est certain, toutefois, que,

dans l'application, avec un seul foyer, on pourrait tout à la fois chauffer également toutes les parties des bâtiments et toutes les cellules, que
par la combinaison des appareils on pourrait ne chauffer que telles parties qu'on voudrait, et qu'au moyen des régulateurs, qui servient à la
seule disposition des gardiens, on chaufferait plus ou moins, suivant qu'on
pourrait le désirer, selon les cas et l'exposition des bâtiments. Mais un
autre point non moins important, c'est que le système de chauffage serait
combiné avec celui de ventilation, de telle sorte qu'indépendamment des
moyens d'aération que donneraient tout naturellement les fenêtres et
les portes des cellules, lorsque ces portes et ces fenêtres seraient fermées,
ce que peut nécessiter le régime pour tout ou partie des détenus, l'air des
cellules fût constamment renouvelé, l'hiver par de l'air chaud, l'été par de
l'air frais et à l'aide de moyens assez actifs pour qu'il fût complétement
changé toutes les heures.

Ces combinaisons, dont les expériences ont été faites avec tout le succès
possible en France dans divers édifices, et en Angleterre dans des cas tout
à fait identiques à celui qui nous occupe, ne doivent-elles pas être consi-
dérées comme de puissants moyens d'assainissement qui peuvent donner
toute sécurité sous le point de vue sanitaire, et ne trouverait-on pas dans
l'absence de ces dispositions, qui ne sont pas appliquées au pénitencier
de Cherry-Hill, une des causes des quelques cas de maladie qu'on attribue
au régime qui y est en pratique?

Si le système de chauffage dans lequel la vapeur serait le principal agent
était appliqué, la disposition se prêterait à ce qu'on pût l'utiliser à la cuisson des aliments et au chauffage des bains; les cuisines et les salles de bain
se trouvant au centre et tout près du foyer de la vapeur. Outre cela, au
moyen d'une petite pompe qu'elle mettrait en mouvement, on distribuerait
de l'eau dans toutes les parties des bâtiments où cela serait nécessaire.

L'eau pour la toilette et pour la boisson serait distribuée dans les
cellules, soit par des conduits établis à cet effet, soit portée dans des
vases comme les aliments. Ces cellules et toutes les autres pièces du pénitencier pourraient être éclairées soit au gaz, soit à l'huile. Dans chaque
cellule serait disposé un moyen d'avertissement pour que le détenu pût se
faire entendre des gardiens. Je ne crois pas devoir entrer à cet égard dans des
détails qui sont tout d'exécution et qui ne présentent aucune difficulté;
par la même raison, je passe sous silence ceux relatifs à la fermeture des

portes, des fenêtres, des guichets, etc., ainsi que ceux par lesquels les communications entre les détenus seraient rendues impossibles; enfin, j'omets les moyens à employer pour assurer la surveillance occulte des gardiens sur les détenus.

Cuisines et bains. Sans m'arrêter ici à la description des divers services dont je parlerai plus tard, je ferai remarquer que les cuisines et les bains, auxquels on arriverait sans entrer dans la détention, seraient placés autour du calorifère, sous la salle centrale.

Construction économique. Tout en satisfaisant aux conditions de sûreté, de salubrité, de surveillance, etc., ainsi qu'à celle de l'exercice du culte, comme je viens de l'expliquer, j'ai voulu satisfaire aussi à la question d'économie; dans cette vue je n'ai admis dans mon projet que des formes simples, régulières et de dimensions telles qu'elles ne présentent aucune difficulté de construction, afin que tous les ouvriers puissent les exécuter et qu'on ne soit pas obligé d'employer des matériaux autres que ceux ordinaires et qui se rencontrent dans toutes les localités.

La maçonnerie étant, de toutes les parties de la construction, celle qui coûte le moins en France, j'ai évité partout les dispositions qui offriraient des dimensions pouvant exiger l'emploi des bois de charpente, qui généralement sont fort chers. D'un autre côté, en appliquant partout le système des voûtes en maçonnerie, je trouve encore le grand avantage de faire disparaître les chances d'incendie que présente le bois. Combien d'édifices, et notamment des prisons, ont dû leur ruine à l'emploi de matériaux combustibles! Si le feu est à craindre pour les établissements de toute nature, il l'est bien davantage encore pour une prison, où, en cas de sinistre, on se trouve avoir à lutter contre l'incendie et contre la population, qu'on peut, à juste titre, soupçonner d'en être la cause.

Après avoir exposé par quels moyens mon projet satisfait aux principales données de l'emprisonnement individuel et avoir fait connaître les particularités qui lui sont propres et les raisons qui m'ont amené à l'adoption du parti que je propose, je crois devoir en faire la description détaillée, en suivant l'ordre dans lequel sont disposés les bâtiments.

DESCRIPTION DÉTAILLÉE.

BATIMENTS D'ADMINISTRATION ET DÉPENDANCES.

Bâtiments d'entrée. Les bâtiments d'entrée, qui se présentent sur une place publique, et où se trouve la porte principale de la prison, se composent d'un corps de garde avec chambre d'officier et dépendances au-dessus, du logement du concierge, également avec chambres et cabinets au-dessus. Attenant à ces deux bâtiments sont deux petites pièces accessoires par lesquelles on communique à des cours de service et à de petites dépendances. Ces bâtiments d'entrée sont disposés à pans coupés et percés de beaucoup de petites fenêtres en forme de barbacanes pour favoriser la résistance de la troupe en cas d'attaque. C'est aussi dans ce but qu'ils sont couverts en terrasse. Des guichets sont disposés dans le corps de garde et dans le logement du concierge, de manière à permettre de voir de là l'intérieur et l'extérieur de la porte principale, et par conséquent de connaître, avant d'ouvrir, ceux qui veulent entrer ou sortir.

Cour de l'administration. La porte d'entrée principale donne accès à la cour de l'administration autour de laquelle sont les bâtiments déjà décrits, celui du Directeur, celui de l'Inspecteur et des deux Aumôniers, le bâtiment d'administration, et des passages couverts pour communiquer de l'un à l'autre de ces bâtiments; des portes charretières sont pratiquées dans ces passages pour faciliter les services d'approvisionnement et de vidange.

Bâtiment du Directeur. Le bâtiment du Directeur, attenant à de petites dépendances, se compose d'un appartement complet en deux étages; au-dessous seraient des caves et des bûchers.

Bâtiment de l'Inspecteur et des Aumôniers. Le bâtiment de l'Inspecteur et des Aumôniers serait, en masse, semblable à celui du Directeur, mais il en différerait par ses distributions intérieures, de manière à ce que le rez-de-chaussée pût faire un logement pour l'Inspecteur, et le premier étage deux autres logements pour les deux Aumôniers. Ce bâtiment serait aussi pourvu de ses caves et dépendances.

Les petites parties de jardin indiquées dans les cours de service seraient à l'usage du Directeur, de l'Inspecteur et des Aumôniers.

Cour et logements des employés. Les logements des employés subalternes, au nombre de six, sont situés à la droite de l'habitation du Directeur, dans trois petits bâtiments disposés à cet effet autour d'une cour de service, sur un côté de laquelle se trouvent des remises, des bûchers et des magasins pour le service commun.

Cour et bâtiments de l'entreprise. — Du côté opposé, à gauche de l'habitation de l'Inspecteur et des Aumôniers, et en pendant avec les logements des employés, sont disposés les bâtiments pour les services de l'entreprise. Dans celui du centre sont les bureaux et les magasins, dans celui du devant, la boulangerie et ses dépendances, et dans celui du fond, la buanderie avec séchoirs et dépendances. Des remises pour les pompes à incendie, des magasins, etc., sont placés, ainsi que ces bâtiments, autour d'une cour de service semblable à celle qui se trouve de l'autre côté.

Chemin de ronde extérieur. — Le chemin de ronde extérieur, auquel on arriverait par les portes qui le mettent en communication avec la cour de l'administration, offre encore l'avantage, au moyen des grilles qui sont à ses extrémités, de donner des entrées particulières aux maisons du Directeur, de l'Inspecteur et des Aumôniers, ainsi qu'aux logements des employés, et aux bureaux, magasins et dépendances de l'entreprise. Ce chemin qui enveloppe et isole tout le grand mur d'enceinte serait convenable pour y placer des sentinelles, et donnerait accès au jardin du Directeur, à ceux des employés, aux séchoirs et au cimetière, qui se trouvent placés le long de ce chemin et autour de la détention, pour en éloigner d'autant toutes les propriétés particulières.

Bâtiment d'administration. — Le bâtiment d'administration, dont la geôle ou guichet principal occupe le centre, se compose, outre le greffe à côté duquel est le cabinet de l'Inspecteur, d'une salle de conseil avec cabinet du Directeur : de petites dépendances et des passages de communication accompagnent ees pièces. Dans le corps de bâtiment du centre, à droite et à gauche du grand passage d'entrée et le long de deux corridors adjacents à ce passage, sont douze petites cellules d'attente pour les détenus arrivants. Au-dessous de ces cellules, dans un étage en soubassement convenablement éclairé, sont des salles de bain et de désinfection; au-dessus, se trouvent la lingerie et le dépôt des vêtements.

Au premier étage, au-dessus de la geôle, serait la chambre des gardiens; d'un côté, le logement du gardien-chef, de l'autre celui du second gardien.

Grand mur d'enceinte. — C'est au corps de bâtiment d'administration que se rattache le grand mur d'enceinte qui enveloppe, avec un large isolement, toutes les parties de la détention; ce mur est flanqué, de distance en distance, de petites tourelles sur lesquelles les gardiens ou les soldats pourraient monter pour dominer et observer les points extérieurs des bâtiments.

BATIMENTS DE DÉTENTION.

Guichets.

A la suite du bâtiment d'administration, et au delà du chemin de ronde intérieur qui isole complétement les bâtiments de la détention, se trouve, dans l'axe, le guichet par lequel on pénètre dans la prison. A droite et à gauche de l'entrée du guichet sont deux escaliers conduisant à une galerie basse par laquelle les gens de service peuvent arriver, sans entrer dans la détention, aux cuisines, au calorifère et aux bains, qui sont sous la salle centrale. A l'extrémité diamétralement opposée, du côté de l'infirmerie, est un second guichet en tout semblable à celui-ci.

Salle centrale, cabinet du Directeur, autel pour la célébration du culte.

Par un pont qui suit l'axe longitudinal entre deux des bâtiments cellulaires, on arrive à la salle centrale d'inspection. Au milieu de cette salle, d'où partent en rayons tous les bâtiments occupés par les détenus, se trouve une petite colonnade en fer entièrement à jour, au rez-de-chaussée, pour laisser libre la circulation sur ce point et ne pas masquer la vue. Cette colonnade supporte le cabinet de surveillance du Directeur, et au-dessus l'autel pour la célébration du culte.

Le Directeur arriverait, sans être vu, à son cabinet d'inspection par un des deux petits escaliers en vis qui se trouvent à l'entrée de la salle centrale : il y communiquerait, au premier étage, par une pièce qui lui serait réservée et par un petit pont fermé de rideaux ; son cabinet serait également entouré de rideaux qu'il fermerait à volonté : dans ce cas, il serait éclairé par les jours qui sont ménagés dans le soubassement de l'autel. L'aumônier arriverait également à l'autel qui serait au-dessus, et la pièce du second, par laquelle il devrait passer, formerait sacristie. Les deux petits escaliers, particuliers au Directeur et à l'Aumônier, leur serviraient aussi pour monter à tous les étages des cellules sans avoir recours aux escaliers communs aux gardiens et aux détenus. Les deux autres, situés dans la pièce correspondante de l'autre côté de la grande salle, seraient affectés au service des cellules de punition dont elle est entourée.

Passages et parloirs.

Les pièces du rez-de-chaussée, autour de la salle centrale, serviraient de passage pour communiquer aux cours qui séparent et aèrent les bâtiments ; dans chacune des six pièces de droite et de gauche de l'axe longitudinal seraient des stalles formant deux parloirs séparés et disposés de telle sorte que les détenus y seraient amenés d'un côté et les visiteurs de l'autre, et les uns et les autres toujours sous la surveillance des gardiens et

Cellules de punition. du Directeur. Dans les trois étages au-dessus se trouvent vingt-deux cellules de punition complétement séparées et à proximité de l'autel et de la surveillance centrale. Les huit cellules du rang supérieur seraient accompagnées d'autant de terrasses formant promenoirs adjacents à chacune d'elles.

Cuisines, bains et dépendances, chauffage., Les cuisines et leurs dépendances, les bains cellulaires pour les détenus, les grands appareils de chauffage que j'ai déjà décrits et dont on pourrait tirer parti pour la cuisson des aliments, pour le chauffage des bains et pour la distribution de l'eau sur tous les points, seraient, ainsi qu'un puits principal, placés sous la partie centrale des bâtiments. J'ai déjà dit comment les gens de service pourraient y arriver sans entrer dans la détention. Toutes les pièces affectées à ces divers services recevraient l'air et la lumière par les cours en contre-bas dont elles sont entourées. On conçoit qu'ainsi placées au centre, l'accès en serait très-facile, et que, quant à la distribution des aliments, elle se ferait aussi sans difficulté par des ouvertures ménagées dans les voûtes, à l'aide de treuils qui porteraient les vivres sur tous les ponts et balcons donnant entrée aux cellules. On pourrait aussi user du même moyen pour le service des travaux.

Grandes galeries de service. Du centre d'inspection partent huit grandes galeries montant de fond dans la hauteur des trois étages de cellules et auxquelles on arrive par des balcons pris sur cette galerie même. Cette disposition permet au Directeur de voir de son cabinet central toutes les portes des cellules, les chambres des gardiens qui se trouvent dans les tours des extrémités des galeries, enfin tous les points où il a besoin d'exercer sa surveillance.

Cellules. Les cellules, rangées sur trois étages, seraient de capacité suffisante pour les besoins des détenus, pourvues de tous les accessoires nécessaires à leur habitation et disposées dans tous leurs détails de manière à être chauffées, ventilées et parfaitement saines. Celles du rez-de-chaussée sont en saillie sur le corridor, et de 0^m 50 c. plus grandes que les autres, afin qu'on y puisse établir les métiers qui occuperaient un plus grand espace. A l'entrée de chaque galerie sont deux escaliers desservant tous les étages, et, à l'autre extrémité, deux autres escaliers, tout à fait à jour, destinés aussi au même usage, mais plus particulièrement à établir une communication facile à surveiller pour l'arrivée des détenus aux promenoirs.

Tours de surveil-
lance et chambres
des gardiens. Les galeries sont terminées par des tours qui donnent, au rez-de-chaus-sée, une salle de dépôt et d'inspection, et au premier étage une chambre de gardiens; de là, ces agents, en vue du Directeur, surveilleraient en même temps l'intérieur des bâtiments et les promenoirs.

Promenoirs. Les promenoirs, au nombre de neuf pour chaque corps de bâtiment, sont disposés en rayons partant du centre de la tour des gardiens; dans chacun d'eux est un cabinet d'aisances. Les détenus y arriveraient succes-sivement sans être un instant perdus de vue par les gardiens surveillants; les portes des promenoirs leur seraient ouvertes au moyen d'un cordon, par celui qui serait placé au premier étage de la tour.

Grandes cours
cellulaires d'excep-
tion. Dans les milieux des grandes cours triangulaires, par lesquelles l'air et la lumière arriveraient dans toutes les parties intérieures des bâtiments, se trou-vent de petits pavillons isolés, donnant chacun, deux cellules superposées et réservées pour des cas exceptionnels. Chacune de ces cellules, outre l'es-calier nécessaire, est accompagnée d'un cabinet d'aisances, et le pavil-lon est adjacent à un petit jardin, ce qui permettrait à chacun des deux détenus de se tenir à l'air libre la moitié du jour. J'ai déjà dit comment ces pavillons pourraient se prêter à l'application de la vie en commun pour une partie des détenus. La surveillance sur le jardin s'exercerait du centre; et sur l'intérieur des cellules, du corridor de ronde intérieur.

Corridor de ron-
de intérieur. Ce corridor, surmonté d'une terrasse, aurait ses entrées principales sur les guichets de la détention. Il offre, comme avantage, de faciliter une surveillance occulte et successive sur tous les points intérieurs et extérieurs de la détention. C'est par des portes de service qui y sont ménagées sur le grand chemin de ronde que pourraient se faire les approvisionnements pour les travaux.

<h2 style="text-align:center">INFIRMERIE.</h2>

Infirmerie cellu-
laire, autel, etc. Ainsi que l'indique le plan, ce bâtiment, complétement isolé, est situé au delà des bâtiments de détention. Il se compose d'un vestibule à la suite duquel est un large passage où se trouvent deux grands escaliers pour mon-ter au premier étage. Au fond de ce passage est une salle pour les gardiens: de là, ils peuvent exercer leur surveillance sur les promenoirs et sur les galeries par lesquelles les cellules des malades sont éclairées et ventilées. Au-dessus de cette pièce en est une seconde, également réservée aux gardiens, et, en avant, l'autel, qui, en raison de la disposition des cellules, est placé de telle sorte que les malades entendraient la messe de leurs lits, et que ceux qui pourraient s'approcher de la grille vitrée, seraie   a portée de voir le prêtre. Les petites pièces placées près de l'autel serv aient de sacristie et de cabinet de gardien ; au rez-de-chaussée elles formeraient le passage pour communiquer au promenoir des convalescents.

Galerie de surveillance, cellules des malades, logements, et dépendances. La galerie de surveillance est grandement ouverte sur l'extérieur, dans le but de laisser pénétrer le soleil jusque dans les cellules, qui, à cet effet, sont vitrées de ce côté dans toute leur largeur. Les cellules, pourvues de tous les accessoires nécessaires, sont desservies, pour les soins médicaux, par un petit corridor qui communique, à chaque étage, aux cuisines, pharmacie, bains, dépendances et logements des pharmaciens et infirmiers, qui occupent les pavillons d'extrémité de l'infirmerie.

Promenoirs des convalescents. Les promenoirs pour les convalescents sont plantés d'arbres, et au fond, se trouvent des auvents ou abris pour la promenade à couvert.

Salle d'autopsie, salles des morts, cimetière. Au delà de ces promenoirs se trouvent une salle d'autopsie et une pour les morts, et enfin, derrière, dans le mur d'enceinte, est une porte par laquelle on porterait les morts au cimetière, qui, placé après le chemin d'isolement, forme de ce côté la partie extrême des dépendances de la prison.

APERÇU DE DÉPENSE.

La question de dépense ayant toujours été une des plus grandes objections faites au régime de l'emprisonnement individuel, en raison des frais considérables que nécessite la construction des cellules, j'ai pensé que cette question devait être prise en grande considération pour la composition d'un projet à étudier sur ce programme, et c'est sous l'influence de cette idée que j'ai agi. En cherchant, comme il m'arrive souvent de le faire depuis plus de sept ans que je m'occupe presque exclusivement du système pénitentiaire, j'ai trouvé diverses combinaisons qui, sous certains points de vue, paraissaient offrir quelques avantages ; mais comme à côté se trouvaient, pour compensation, des inconvénients plus graves, et qu'en outre elles auraient eu pour effet d'augmenter considérablement la dépense, je les ai rejetées, n'admettant comme bonnes que celles qui alliaient, avec les principales conditions d'isolement, celle d'une rigoureuse économie, sans préjudice toutefois de la bonne construction.

Une esquisse de projet que j'ai soumise au Ministère en janvier 1839 présentait, comme particularité, le moyen de faire promener. une demi-heure par jour, les 53o détenus pour lesquels elle était composée. La dépense qu'en aurait occasionnée la construction, s'élevait, non compris l'acquisition de terrain, à 1,460,335 fr. 5o c., c'est-à-dire au prix moyen de 2,755 fr. 35 c. pour chaque logement de détenu, toutes dépendances comprises.

Le projet que je propose aujourd'hui, plus développé, plus complet dans ses dépendances, et offrant la possibilité de faire promener facilement, une heure par jour, les 585 détenus que la prison pourrait contenir, devra se renfermer dans une dépense de 1,755,ooo fr., c'est-à-dire dans le prix moyen de 3ooo fr. par détenu pour les départements, non compris la valeur du terrain.

De semblables constructions pour Paris doivent être comptées un tiers en sus, c'est-à-dire à un prix moyen de 4ooo fr. par cellule.

EXPLICATION DES PLANCHES.

PLANCHE Iʀᴇ.

Vue perspective générale prise à vol d'oiseau.

PLANCHE IIᴇ.

Plan général du Rez-de-chaussée.

ADMINISTRATION.

A.   BATIMENTS D'ENTRÉE.
  a. Corps de garde, chambre d'officier, et dépendances au-dessus.
  b. Logement du concierge, avec chambre et dépendances au-dessus.
  c. Porte principale.
  d. Petites dépendances.

B. COUR DE L'ADMINISTRATION.
C.   MAISON DU DIRECTEUR.
  e. Entrée principale.
  f. Entrée particulière.

D. MAISON DE L'INSPECTEUR ET DES AUMONIERS.
  g. Entrée principale.
  h. Entrée particulière.
  j. Passages couverts.
  k. Cours de service et petits jardins.
  l. Portes de service.

E.   COUR DES EMPLOYÉS.
  m. Logements pour deux employés.
  n. Logements pour quatre autres employés.

o. Remises, bûchers, magasins.

F. COUR DE L'ENTREPRISE.

p. Bureaux et magasins de l'entreprise.
q. Boulangerie.
r. Buanderie.
s. Remises des pompes à incendie, bûchers, magasins.

G. ENTRÉES PARTICULIÈRES

conduisant à la maison du directeur, à celle des inspecteurs et des aumôniers, aux bâtiments des employés, à ceux de l'entreprise, de la boulangerie, de la buanderie, et dans le chemin de ronde extérieur.

H. CHEMIN DE RONDE EXTÉRIEUR

donnant entrée aux séchoirs, aux jardins du directeur et des employés, et au cimetière.

I. SÉCHOIRS, JARDINS DU DIRECTEUR ET DES EMPLOYÉS.

J. BATIMENT D'ADMINISTRATION.

t. Geôle ou poste des gardiens, leur chambre est au-dessus.
u. Salle de conseil
v. Cabinet du directeur. au-dessus logement du gardien-chef.
x. Greffe.
y. Cabinet de l'inspecteur. au-dessus logement du second gardien.
y'. Cours et petites dépendances.
z. Cellules de réception, dans un soubassement, au-dessous, seraient des chambres de désinfection et des salles de bain; au premier, au-dessus, seraient la lingerie et le dépôt des vêtements.
&. Passage conduisant à la détention.

K. GRAND MUR D'ENCEINTE

avec tourelles d'observation aux angles.
aa. Entrée pour les voitures d'approvisionnement et de vidange.
bb. Chemin de ronde intérieur isolant toute la détention.

DÉTENTION.

L. BATIMENTS DE LA DÉTENTION.

1. Guichet de la détention; au-dessus sont de petites chambres de gardiens; de petits escaliers desservent ces chambres, les terrasses qui couvrent le corridor de ronde, et donnent accès à la galerie basse.
2. Escaliers conduisant à une galerie basse par laquelle les gens de service peuvent arriver aux cuisines, bains et calorifères, qui sont sous la salle centrale, sans entrer dans la détention.
3. Grande salle centrale d'inspection.
4. Petites colonnes en fer laissant libre le rez-de-chaussée, et portant au-dessus le cabinet du directeur et l'autel pour la célébration du culte.
5. Escalier par lequel le directeur arriverait à son cabinet d'inspection sans être vu.
6. Escalier par lequel l'aumônier arriverait également à l'autel.
7. Passage et escalier desservant tous les étages des cellules de punition; dans les étages supérieurs, cette pièce servirait aussi de chambre de gardien.
8. Passage; au-dessus, au premier étage, serait une pièce pour le directeur, et au second étage, une sacristie.
9. Passages, avec parloirs cellulaires.
10. Grandes galeries de service, montant de fond, pour faciliter la surveillance des trois étages de cellules à la fois.
11. Cellules.
12. Escaliers desservant tous les étages de cellules, au moyen des balcons et des ponts de service des galeries.

13. Escaliers faisant le même service, et conduisant aux promenoirs.
14. Tours donnant au rez-de-chaussée une salle de dépôt et d'inspection, et au premier étage, une chambre pour les gardiens; de là, ces agents, qui seraient en vue du directeur, surveilleraient en même temps l'intérieur des bâtiments et les promenoirs.
15. Promenoirs avec cabinets d'aisances; les détenus y arriveraient successivement, sans être un instant perdus de vue des gardiens surveillants; les portes des promenoirs leur seraient ouvertes au moyen d'un cordon, par celui qui serait placé au premier étage de la tour.
16. Cours basses.
17. Ponts de communication.
18. Cours.
19. Cellules d'exception; au premier étage sont d'autres cellules semblables, ayant, comme celles-ci, un cabinet d'aisances.
20. Petits jardins servant seulement aux deux détenus de chaque pavillon : la surveillance sur ces jardins s'exercerait du centre d'inspection; pour assister à la messe, les douze détenus des pavillons pourraient être conduits dans les douze stalles des parloirs.
21. Corridor de ronde, avec terrasse au-dessus; ce corridor donnerait successivement vue et accès sur tous les points intérieurs et extérieurs de la détention.
22. Portes de service,

INFIRMERIE.

M. INFIRMERIE CELLULAIRE.
23. Vestibule et passage avec grands escaliers.
24. Salle des surveillants au rez-de-chaussée et au premier; à ce dernier étage serait l'autel pour la célébration du culte; de là, le prêtre serait entendu de tous les malades restant dans leur lit, et même vu de ceux qui pourraient s'approcher de la grille vitrée du côté de la galerie.
25. Entrée des promenoirs, sacristie, et cabinet de gardien au-dessus.
26. Grande galerie, montant de deux étages, et entièrement ouverte, pour laisser pénétrer le soleil jusque dans les cellules.

27. Cellules des malades.
28. Corridors pour le service médical.
29. Pharmacie, bains et dépendances; logement du pharmacien au-dessus.
30. Cuisines, bains et dépendances, logements des infirmiers au-dessus.
31. Promenoirs plantés d'arbres pour les convalescents; dans chacun est un abri pour les promenades à couvert.
32. Salle d'autopsie et salle des morts.
33. Porte de service pour le cimetière.

N. CIMETIÈRE EN DEHORS DE L'ENCEINTE.

PLANCHE III.

Figure 1ʳᵉ. — Plan du soubassement de la Salle centrale.

a. Passage des hommes de service.
b. Cours basses.
c. Entrée.
d. Escaliers, servant l'un au directeur, l'autre à l'aumônier.
e. Escalier de service.

f. Cuisines et dépendances.
g. Puits.
h. Salle des appareils de chauffage.
i. Cabinets de bain.
k. Escaliers communiquant à toutes les cellules.

Figure 2. — Moitié du plan du Rez-de-chaussée.

a. Escalier par lequel l'aumônier arriverait à l'autel.
b. Passage et escalier desservant tous les étages des cellules de punition.
c. Passage d'entrée.
d. Colonnes en fer, supportant le cabinet du directeur et l'autel.

e. Parloirs cellulaires avec stalles pour séparer les visiteurs des détenus.
f. Grandes galeries desservant les cellules.
g. Bâtiments des cellules.
h. Salle de surveillance et magasin.

Figure 3. — Moitié du plan du Premier étage.

a. Escalier par lequel le directeur arriverait, sans être vu, à son cabinet d'inspection.
b. Escalier de service, et chambre de gardien.
c. Pièce réservée au directeur.
d. Petits ponts par lesquels le directeur communiquerait à toutes les parties de la détention.
e. Cabinet d'inspection du directeur;

ce cabinet serait entouré de rideaux qu'on fermerait à volonté.
f. Cellules de punition.
g. Grandes galeries desservant les cellules.
h. Balcons de service.
i. Escaliers desservant tous les étages de cellules.
k. Bâtiments des cellules.
l. Chambre des gardiens.

Figure 4. — Moitié du plan du Deuxième étage.

a. Escalier de l'aumônier.
b. Escalier de service et chambre de gardien.
c. Sacristie.
d. Petit pont communiquant à l'autel.
e. Place de l'aumônier officiant.
f. Autel mobile pouvant se tourner à volonté.

g. Cellules de punition.
h. Grandes galeries desservant les cellules.
i. Balcons de service.
k. Escaliers desservant tous les étages des cellules.
l. Bâtiments des cellules.

Figure 5 — Moitié du plan du Troisième étage.

a. Escalier du directeur.
b. Escalier desservant tous les étages, et chambre de gardien.
c. Cellules de punition.
d. Balcons de service.
e. Grandes fenêtres donnant accès aux

terrasses de promenade.
f. Terrasses de promenade pour les détenus des cellules de punition.
g. Arrachements des toîts des bâtiments des cellules.

Figure 6. — Coupe transversale sur un Bâtiment cellulaire.

Cette coupe fait voir la disposition des cellules, les balcons de service par lesquels on y arrive et les escaliers à jour destinés particulièrement au service des promenoirs.

PLANCHE IVᵉ.

Figure 1ʳᵉ. — Façade principale du côté de l'Entrée.

Figure 2. — Coupe transversale A'B' prise au devant
des Promenoirs.

PLANCHE V.

Figures 1, 2 et 3. — coupe longitudinale C'D' passant sur la cour
d'administration, la détention, l'infirmerie et le cimetière.

PLANCHE VI.

Figures 1, 2 et 3. — Plan, coupe transversale et coupe
longitudinale des Cellules ordinaires.

a. Porte extérieure pouvant s'entr'ouvrir pour permettre la vue du
prêtre.
b. Grille intérieure avec guichet à la
disposition des gardiens.
c. Lit mobile se relevant le jour pour
laisser la cellule libre.
d. Fenêtre de la cellule.
e. Canal d'air pour la ventilation et le
chauffage.
f. Orifice du canal d'aération, couvert
d'un grillage serré, pour éviter un
courant d'air qui pourrait nuire au
détenu.
g. Arrivée de l'air de la cellule au canal
d'évacuation, dont l'ouverture se
trouve diagonalement opposée à
l'orifice f.
h. Évidement aéré, préservant d'humidité les cellules du rez-de-chaussée.
k. Grande conduite servant au chauffage et à la ventilation.

Figures 4, 5 et 6. — Plan, coupe transversale et coupe longitudinale
d'un des petits Bâtiments des cellules d'exception.

a. Guichet de surveillance.
b. Porte d'entrée.
c. Porte de la cellule.
d. Escalier conduisant au premier étage.
e. Cabinet d'aisances.
f. Baquet mobile.
g. Cellule.
h. Lit mobile.
k. Fenêtre de la cellule.
l. Évidement aéré préservant d'humidité les cellules du rez-de-chaussée.

Figure 7. — Vue d'une des huit Galeries de l'intérieur des bâtiments cellulaires, comme elles se verraient toutes de l'autel et
du cabinet de surveillance du Directeur.

Suivent les planches I, II, III, IV, V et VI.

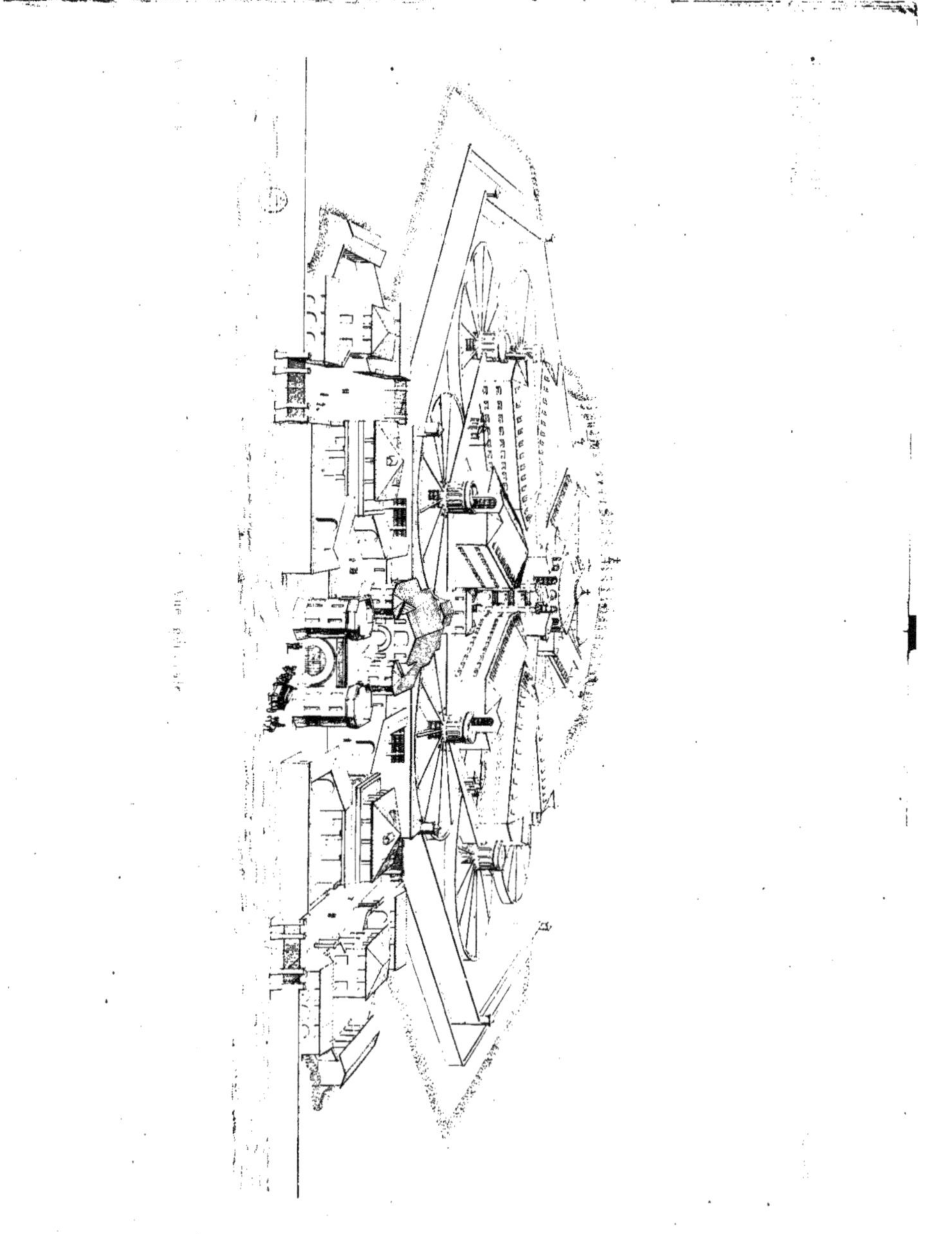

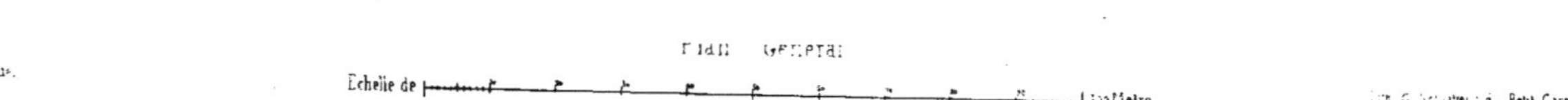
Plan Général
Echelle de   100 mètre.
Imp. G. ... rue du Petit Carreau, 3.

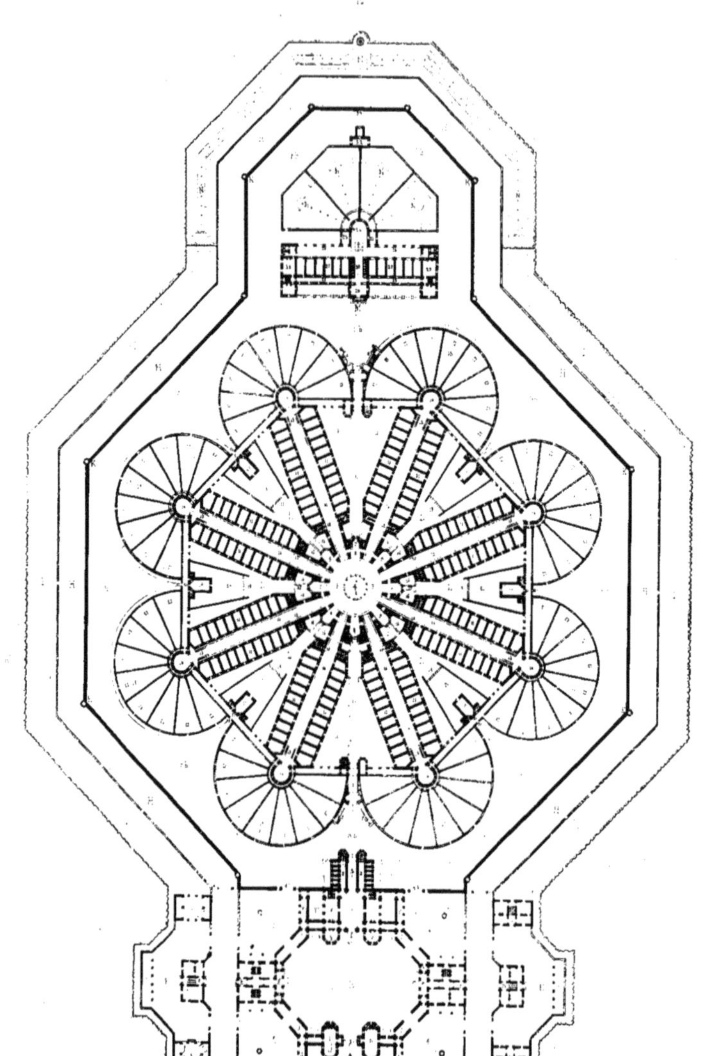

PRISON DE MAZAS
par M. 594. Contamin.

PLANCHE III

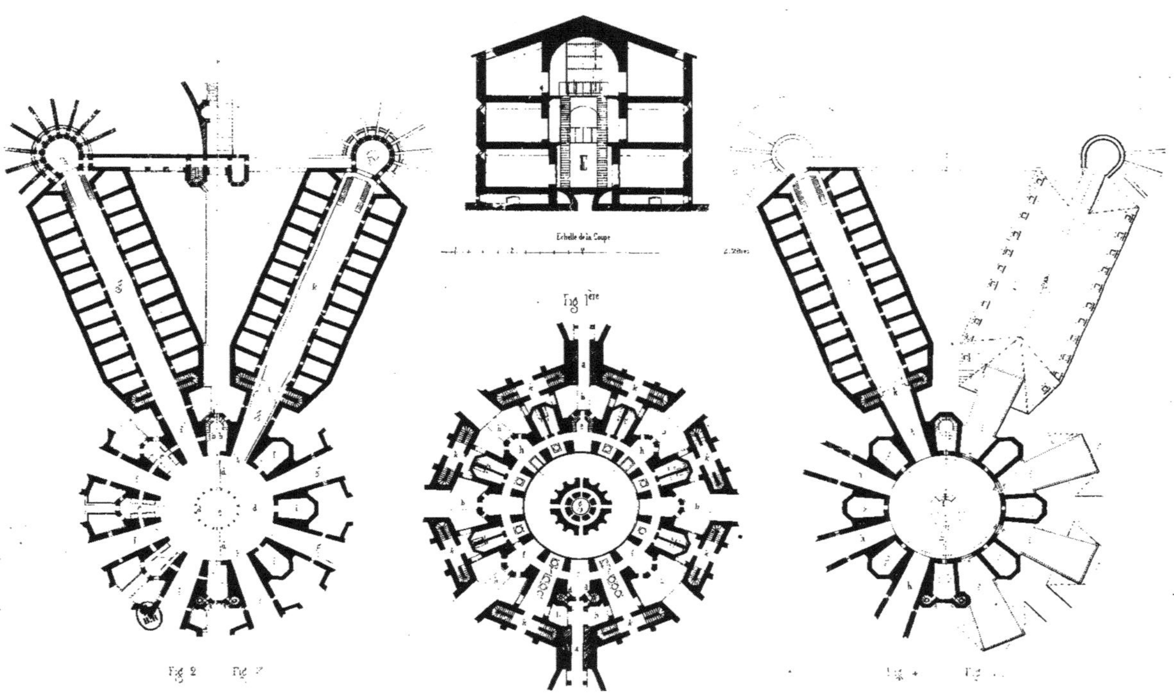

Fig 6

Echelle de la Coupe

Fig 1ère

Fig 2   Fig 3

Fig 4   Fig 5

Echelle des Plans

A. Blouet inv. et del.

Fig. 3me
Coupe sur les lignes A B

Fig. 1ere
Façade Principale

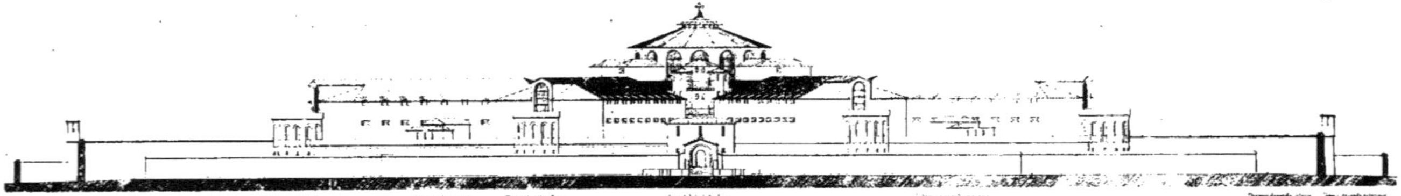

Galerie Particulière

Entrée Principale

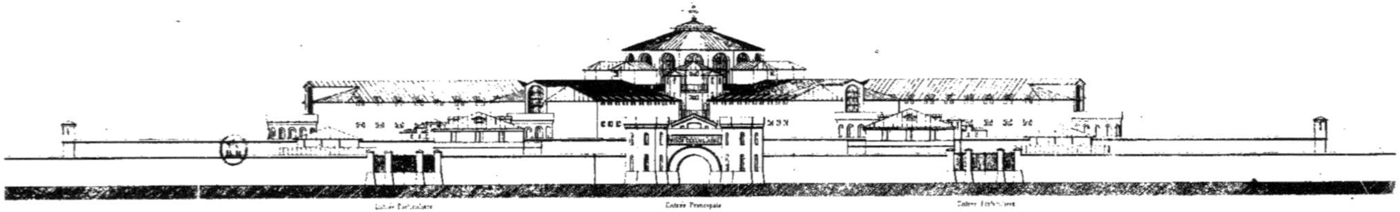

Galerie Particulière

A. Plonel inv. et del.

Échelle de [illegible] Mètres

Lith. J. Schultz r. du Petit Carreau 37.

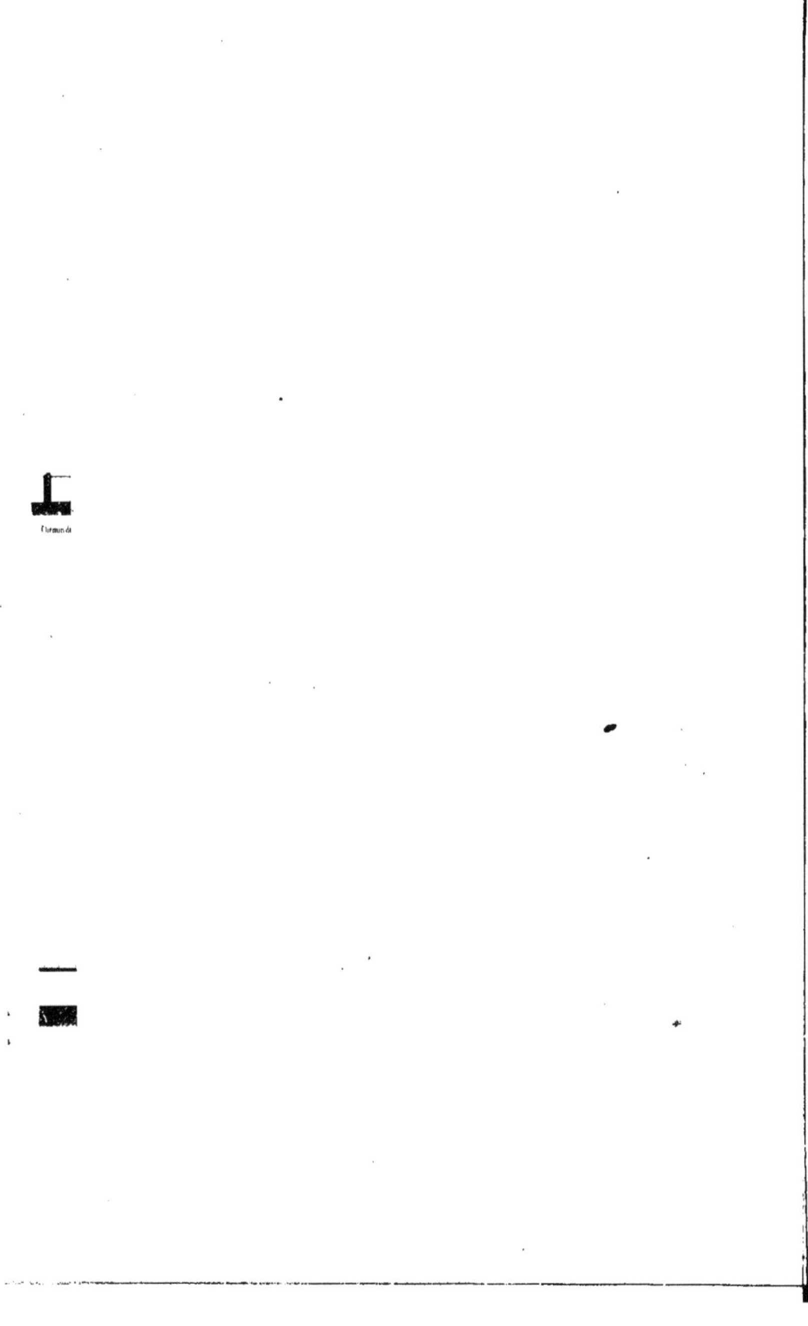

Clermonda

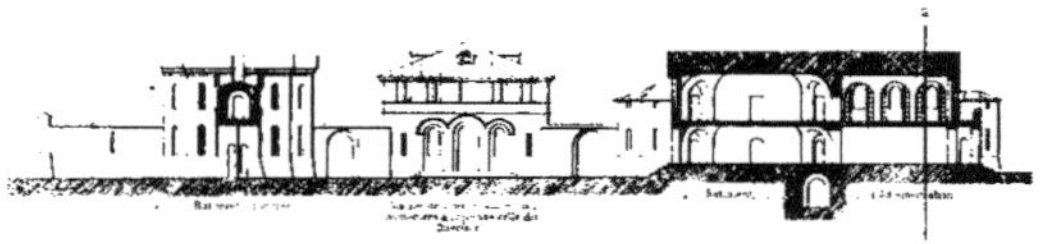

Fig. 1.
Commencement de la Coupe C'D'

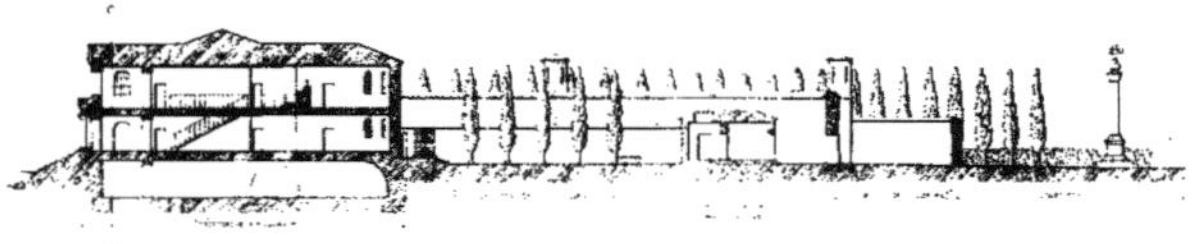

Fig. 3.
Fin de la Coupe C'D'

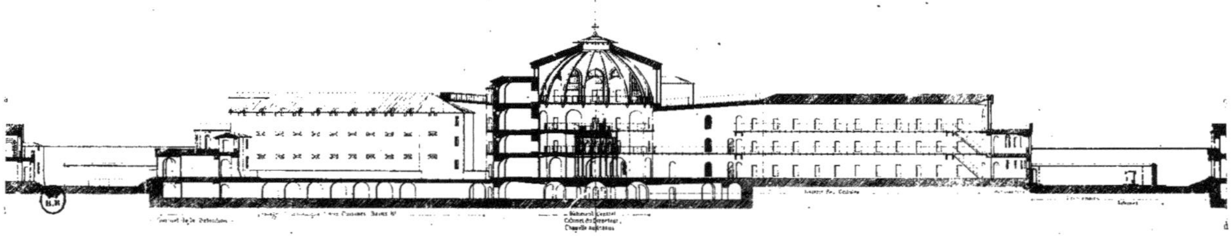

Fig. 2.
Coupe Longitudinale sur la ligne C'D'

Echelle de [...] en Mètres

A. Blouet del. et del.

Lith. G. Schotter à Paris Carreau. 55.

a

[illegible]

Fig 2

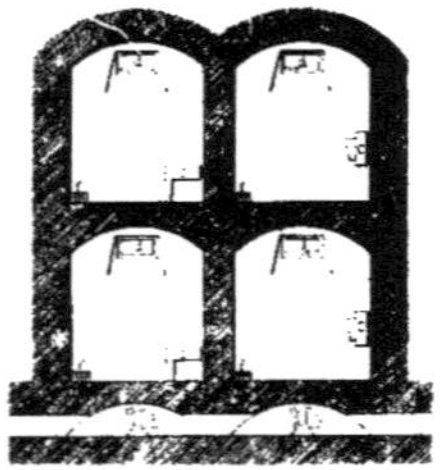

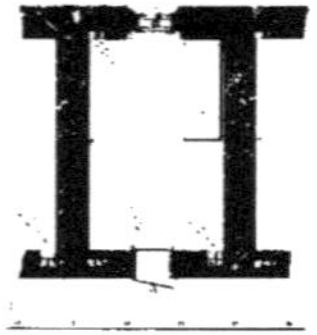

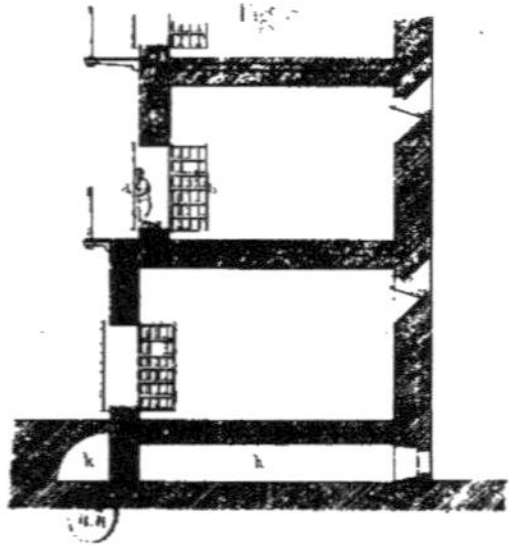

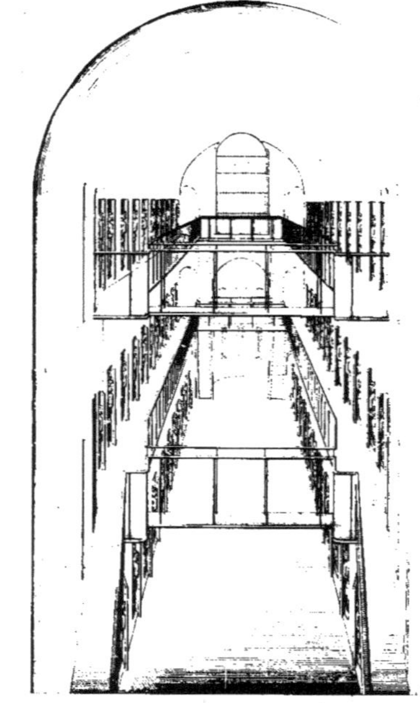

Fig 5

Fig 7

Fig 4

Fig 6

Fig 3

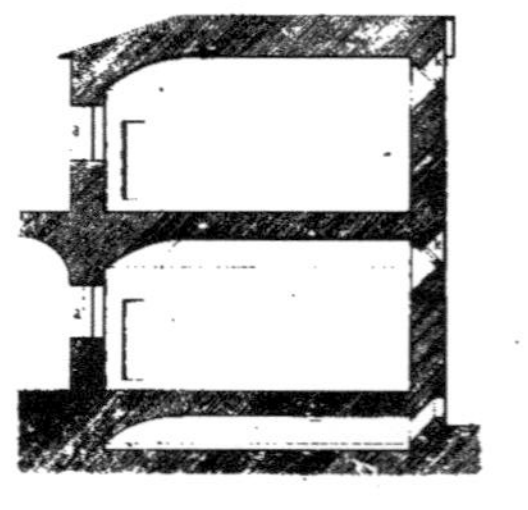

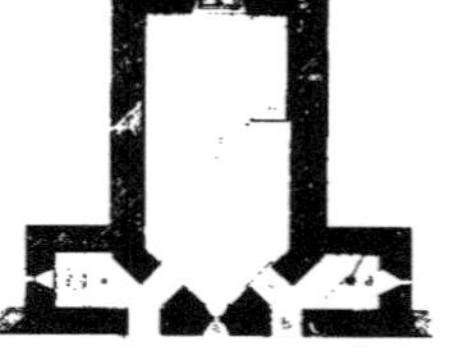

Vue d'une des huit Galeries
comme on les verrait toutes de l'Autel et
de Cabinet d'inspection du Directeur.

Echelle des Plans et Coupes

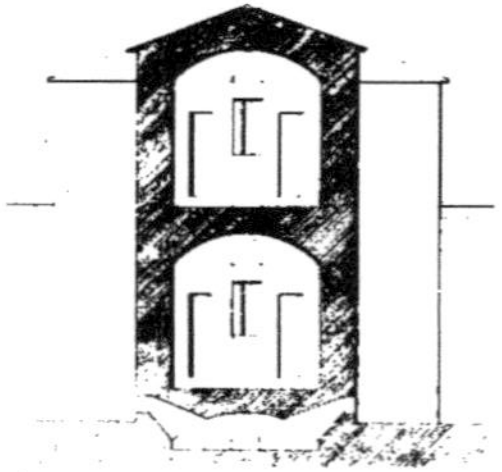

www.ingramcontent.com/pod-product-compliance
Ingram Content Group UK Ltd.
Pitfield, Milton Keynes, MK11 3LW, UK
UKHW020946120726
13693UKWH00004B/1559